2023 Júbilo Iwata Supporter's Magazine
ジュビロ磐田 サポーターズマガジン

Dreams & Emotions

vol. 148

■発行
株式会社ジュビロ
〒438-0025 静岡県磐田市新貝2500
TEL.0538-32-1148 FAX.0538-37-4464

■情報の管理先
株式会社ジュビロ 静岡県磐田市新貝2500
株式会社SBSプロモーション 静岡県浜松市中区旭町11-1 プレスタワー11F

Producer／加藤真史（ジュビロ）
Editor／柴田さよ、能勢直、岩井咲里香（ジュビロ）
Director／杉本有里（SBSプロモーション）
Writer／藤原志織、松本圭右（くまふメディア制作事務所）
Designer／内田晃人（エイティ・プロ）

Photo／久保暁生、深田宙杜

JN095161

Júbilo IWATA

CONTENTS

Just Go on.

—— 進み続けろ。——

YAMAHA
YAMAHA
YAMAHA
YAMAHA
YAMAHA

一歩一歩、一戦一戦。
そうやって、長くハードなシーズンに挑み続けてきた。
歓喜を共にした試合もあれば、苦しいゲームや悔しい敗戦も経験した。
それが、次の一戦に向かう糧になった。
選手、スタッフ、そしてサックスブルーサポーターがつくり出す一体感は、
日々、大きく強いものになっている。

シーズンは、いよいよ最終盤へ。
J1昇格を目指して。
Just Go On.
進み続けろ。

特集

Just Go on.

――― 進み続けろ。 ―――

Akinobu YOKOUCHI

Interview

横内昭展

監督 インタビュー

「自分たちを信じて、我慢強く」。

序盤戦こそ勝ちきれない試合が続いたものの、徐々に順位を上げてきたジュビロ。現状に満足している選手は一人もいないが、6月からリーグ戦11試合負けなしを記録するなど、確かな成長を見せてきた。勝負強さが増した要因はどこにあるのか。キーポイントとなった試合などを中心に、チームの歩みを振り返る。

※取材日:9月6日

今季序盤、チームは波に乗れずにいた。11試合を終えた時点で4勝4分3敗、12節は当時勝ち無しで最下位だった徳島に敗戦。ゴールデンウィークに行われた13節アウェイ東京V戦は0対0の引き分け。続く14節アウェイ千葉戦はどうしても勝点3が欲しい状況で迎えた。

冷たい雨が降りしきる中で行われたナイトゲームは拮抗した展開で進み、ジャーメインの決勝ゴールで3試合ぶりの勝利を手にした。試合後も、アウェイゴール裏を埋め尽くしたサポーターの声援が鳴り止むことはなかった。ヒーローインタビュー中にその声を聞いたジャーメインは、「今サポーターが歌ってくれているように、〝ここから反撃して〟順位を上げていきたいです」と巻き返しを誓った。千葉戦後、群馬、藤枝にも勝利して3連勝を飾ったジュビロは、6位まで順位を上げた。

「千葉戦は本当に難しいゲームでした。多くの決定機を作ることはできなかったのですが、選手たちは集中して良い入りをしてくれました。あの難しい状況で、アウェイで1対0というスコアで勝てたことは、チームに大きなパワーを与えてくれました。

この時期から少しずつではありますが、チームが我慢強く戦えるようになってきたと思います。千葉戦の2試合後、アウェイ藤枝戦も同じようなゲームでした。前半は相手にボールを動かされて、プレスがハマりづらい局面も多かった。それでも何とか耐えたことで、後半にリカルドがヘディングで決勝点を決めてくれました。ダービーマッチであり、負けられない相手。選手たちには意地もあったと思いますが、そういったことも含めて我慢強く戦えたなと。この時期からそういう試合ができるようになってきました」。

6月の初戦、ホーム秋田戦は、藤原と上原のミドルシュートが決まり2対0で勝利。この試合は、キャンプから追い求めてきた『1対1の局面で相手を上回る』などといった、チームの基盤となる部分の成長が見られる一戦でもあった。

「秋田はフィジカルが強く、彼らのスタイルを徹底してくるチームです。この試合は局面での戦いが非常に多くありましたが、選手たちはそこで戦ってマイボールにして、セカンドボールを拾うといったことを何度も繰り返してくれました。綺麗な勝ち方ではなかったのですが、僕たちはフィジカル的な要素で上回りつつ、泥臭いサッカーをして勝つことができた。我々が追い求めてきたベースの部分が、少しずつ積み上がってきたことを実感できた試合でした。

球際の強さは間違いなくシーズン当初より上がっています。それは個人レベルだけでなく、グループとしても強くなったと感じています。ただ、それができていない試合もありますし、高い強度を持続できる時間もまだまだ短い。目標とするところまで、もっともっと高めていく必要があります」。

6月は秋田戦の勝利に続き、仙台と熊本を下した。ルヴァンカップと天皇杯でも勝利を重ねて公式戦5連勝を達成。こうした成績が評価され、横内監督は6月のJ2リーグ月間優秀監督賞を受賞した。

「月間優秀監督賞を頂けたことは大変光栄に思います。ただ、この賞は個人賞ではなく、選手、スタッフ、サポーターの皆さんも含めて、チームに対して贈られた賞だと思っています。僕はそれを代表して受け取っただけですが、みんなで頑張ってきた証ですので嬉しく思います。

アウェイ藤枝戦は苦しい時間が続いたが、リカルドの加入後初ゴールで勝ち切った

監督としてJリーグを戦うのは今年が初めてですが、本当に幸せを感じながら日々過ごしています。もちろん大変なこともありますが、ずっとサッカーのことを考えられているのは幸せだなと。オフの日も考えますし、寝る前も考えますし、朝起きてからも、車に乗っている時もサッカーのことを考えています。そうした時、ふと、『あぁ、俺幸せやな』って思うんです。ちょっと変わっていますよね(笑)。普段はシャワーだけで済ませることが多いので、休みの日にゆっくり湯船に浸かる時間が至福の時なのですが、そんな時もサッカーのことを考えてしまいます(笑)。

監督になって変わったことは、海外の試合を見る機会が減ったことです。それを見るくらいなら、次の対戦相手の試合を1試合でも多く見たいなと。

監督を任せてくれたジュビロには本当に感謝しています。ただ、現状の成績にはもちろん満足していませんし、監督として結果を残さなければいけません。次の試合に勝つことに集中し、チームとしてさらに成長して、もっと勝ち点を積み重ねていけるように取り組んでいきたいと思います」。

6月下旬から7月中旬までは、天皇杯を含めて中2〜3日で7試合を戦った。この過酷な連戦で横内監督は大胆なメンバー変更を決断。リーグ戦ではGK三浦を除く先発10人を試合ごとに入れ替えた。そして、「これはターンオーバーではない。皆が掴み取った先発だ」と明確なメッセージを選手たちに伝えた。

山本は、「監督が選手たちを信頼してくれていることは伝わりますし、その期待に応えようと思う選手は僕だけではないはず」と当時の心境を振り返る。27名の選手が試合に出場するなど、チームの総力をあげて7連戦を戦い抜いたジュビロは、この期間のリーグ戦を無敗で乗り切る。連戦最後のホーム藤枝戦を4対1の勝利で締めくくり、2位へと順位を上げた。

「僕はパフォーマンスが悪い選手を使うつもりはありませんし、スタメンをプレゼントする気もありません。監督としてチームに結果をもたらすという責任もありますし、そのあたりはいつもドライに考えています。

コアなメンバーだけで戦うという方針の監督もいるとは思いますが、僕はチーム立ち上げ時からここにいるメンバー全員で戦っていこうという話をしていました。連戦中に起用した選手は、それまでのリーグ戦はもちろん、ルヴァンカップや天皇杯、そしてトレーニングでもハイパフォーマンスを示してくれていました。だから僕としては勝つために最適な11人を選んだだけです。

この時期に限らずですが、次のゲームに出場できる保証が何ひとつない中、選手たちはいつも最善の準備をしてくれています。それが、我々が少しずつ順位を上げてこれた最大の要因だと思っています。

確約されていないものに対して全力を尽くすのは難しいことです。試合前の一週間を

100%で取り組んだとしても、次のゲームに出られるかどうかは分からない。むしろ、出られない選手の方が多い。それでもまた次の試合に向けて技術面、戦術面、コンディショニング面を準備していかなければいけない。それでもメンバー発表時に自分の名前がない。

そうした時に、また次の試合に向けて同じような準備ができるか。1試合ならできるとは思いますが、それが42試合続く。そうした中で最善の準備をし続けることは、口で言うほど簡単なことではありません。それでも全員がチームのために、プラス個人の成長のために、しっかり準備してくれている。そして試合で起用に応えてくれる。その姿勢には本当に感謝しています」。

ホーム秋田戦は今季リーグ戦2度目の先発を果たした藤原が先制弾。球際の攻防でも相手を上回った

連戦を乗り越えて、少しずつ順位を上げてきたジュビロ。最終ラインで先発出場を続けたリカルド グラッサは、「失点が減ったことでチームの安定感が増してきた」とその要因を語る。6月上旬からのリーグ戦11試合で、複数失点を喫したのはわずかに1試合だった。

チームがまたひとつ前に進んでいることを示した試合が、7月9日のアウェイ山形戦だった。2点を先行したものの、後半途中に1点を返され、その後も劣勢の時間が続いた。それでも選手たちは我慢強く守り抜くと、終盤に松原のゴールで突き放し、苦しいゲームを勝ち切った。試合後、松原は「失点せずに我慢しながら相手の隙を突いて点を取るという、強いチームが持つしたたかさがついてきた」とチームの成長ぶりを語った。

「我慢強さは間違いなく増してきています。我慢していれば、絶対に自分たちの時間が来ます。裏を返せば相手の時間も来るということですが、その相手の時間にしっかり我慢して、いかに自分たちの時間に持っていくかが重要です。

そして自分たちの時間に持ってきた瞬間を、選手が見逃さないようになってきました。そのタイミングでスイッチを入れて、相手ゴールに迫ることができています。

守備面全体に関しては成長過程というか、まだまだ修正しなければいけないところがたくさんあります。実際に失点数はまだ多いです。ただ、失点してもその後に大崩れする試合は随分減ったかなと思います。それは個人としてだけでなく、チームとして修正能力が上がってきたからです。問題があれば個別に話をしたり、全体ミーティングで課題と解決策をすり合わせるといった作業をスタッフ全員で行ってきました。

ただ、問題をひとつクリアしても、また別の問題が起きます。サッカーというスポーツで、問題を完全になくすことは難しいですが、起こった問題に対してのチーム全体のアプローチやコミュニケーションはより深いものにできていると思います。キャプテン、副キャプテンが率先して意見を吸い上げてくれていますし、僕が話すことに対しても真摯に耳を傾けてくれます。そういう意味では、小さな積み重ねですが、クリアになっているところが少しずつ増えてきたと思います」。

守備面の成長が現れたもうひとつの試合が7月29日のアウェイいわき戦だった。21本のシュートを浴びるなど劣勢の時間が長く続いたが、得点を許すことはなかった。長い時間を我慢強く耐え抜いたジュビロは、試合終盤にジャーメインが決勝ゴールを決めて勝点3を持ち帰った。最終ラインの一角として、90分間集中したプレーを続けた鈴木海は、「押し込まれても失点しないというような、ポジティブな雰囲気がチーム全体に生まれてきた」と話す。

「いわき戦はピンチの場面も多かったのですが、選手たちは辛抱強く、我慢強く戦ってくれました。僕が声を掛けるだけでなく、選手間で声を掛け合って、良い雰囲気を作り出してくれていることも、すごく大きなことだと思います。

今季序盤は押し込まれると動揺してしまうことがありましたし、失点をするとさらに慌ててしまっていました。それでも今はしっかり耐えることができるようになってきましたし、たとえ失点したとしても、「大丈夫」というような声掛けを選手間でしてくれています。

まずは失点しないことが重要ですが、もし失点しても、我々は得点を奪い返せるという自信もあります。そういったところも、押し込まれても慌てなくなってきた、我慢強く戦えるようになってきた要因のひとつだと思います。

『我慢強さ』というキーワードは、何度も

Just Go on.

―― 進み続けろ。――

選手たちに伝えてきました。それは耐えて守るということだけではありません。相手にボールを持たれて奪おうとしても奪えないとき、攻撃しようとしてボールをロストしてしまったとき、そういった場面でも我慢強さがないと集中が切れてしまいます。これからも『我慢強さ』を大事に戦っていきたいです」。

リーグ戦11試合負けなしと好調を維持してきたが、8月12日のアウェイ町田戦で黒星。「昇格に向けてやるべきことがたくさんある」（監督）と再認識した試合だった。その後も思うように白星を挙げられない試合が続いたが、選手たちは顔を上げて、課題と真摯に向き合いながら全力でトレーニングに臨む日々を過ごしている。

「町田戦が大事なゲームであることは、全選手、スタッフが認識していました。それはサポーターの皆さんも同じ気持ちでいてくれたと思います。まるでホームのような雰囲気を作って頂いたのに、勝利を届けられなかったことは本当に申し訳なく思います。

それでも選手たちは、すぐに次の甲府戦に向けて切り替えてくれました。大きな敗戦の後で本当にパワーがいるところでしたが、顔を上げて良い準備をしてくれて、試合の入りから我々のやりたいことをピッチで表現してくれました。勇気を持って選手がトライしてくれたことを僕は誇りに思っています。

ただ、その次の試合では我慢強く戦うことができず、千葉に敗れてしまいました。いま課題に感じていることのひとつがビルドアップです。高い位置から強度の高いプレッシャーを掛けてくる相手に対して、ビルドアップ中にボールを奪われて危ないシーンを作られたり、失点してしまった試合もあります。

それでも、相手が前からプレスをかけてくるということは、背後にスペースを与えてくれているとも言えます。相手もリスクを負っているので、そこを突いて攻撃したいという思いが僕の中にありますし、それは選手にも伝えています。相手も本当に研究してプレスをかけてくるので簡単なことではありませんが、もう一段階成長して、もっと自分たちでボールを動かせるようになっていきたいと思います」。

21本のシュートを浴びながらも勝ち切ったアウェイいわき戦は、我慢強い戦いぶりを象徴する試合に

いよいよ終盤戦に突入したJ2リーグ。残りの試合数が少なくなっても、横内監督の考えは変わらない。他チームの結果や順位を気にすることなく、目の前の試合に集中すること。そして、我慢強く戦い抜くこと。今季何度も繰り返してきた言葉を、ブレることなく貫き通す。

「緊張感のある中で我々は戦っていますが、それをプレッシャーだと思って縮こまるのか、こういうプレッシャーを楽しめるのかでは大きな差があります。この緊張感を味わいたくても味わえないチーム、選手はたくさんいます。だからこの緊張感で試合ができることを楽しんでいきたい。それは簡単なことではありませんが、それができればもうひとつ成長できると僕は思っています。

残りの試合で重要なのは、とにかく目の前の一戦に集中することです。目の前の試合に勝つことによって、我々の目標にひとつずつ近づいていきます。そして負ける試合があったとしても、そこでシーズンが終わるわけではありませんし、積み上げてきたものが失われるわけではありません。試合の結果に一喜一憂することなく、また次の試合に向けて集中していくことが必要です。そうした姿勢で一試合一試合を戦うことができれば、絶対に目標を達成できると信じています。続けてきたことをさらにやり続ける、そして自分たちを信じて、残りの試合を戦っていく。私たちは、やれると思っています」。

横内監督が選手を信頼してピッチに送り出しているからこそ、
選手もその期待に応えようと全力を尽くす

9月9日、2試合勝利なしという状況でホームに大宮を迎えたナイトゲームは、2度リードを奪われるなど苦しい試合展開だった。それでも後半アディショナルタイムにリカルドが決勝点を挙げて執念の逆転勝ち。試合後のロッカールームで横内監督は、「こういうゲームを最後にモノにできたのは、これまで何度も言い続けてきた『我慢強く戦う』ことをやり切ってくれたから」と選手たちを称えた。残り数試合、大宮戦以上に苦しいゲームが待ち受けているかもしれない。それでもジュビロは、自分たちを信じて、我慢強く戦い抜く。

緊張感の高まる終盤戦に向かうチームにおいて、躍動を続ける選手のひとりがジャーメイン良だ。25節から31節までの7試合で5ゴールを重ねて、チーム得点数トップに躍り出た。さらに前線での力強いボールキープなど、得点以外の場面でもチームに欠かせない存在となっている。「俺が決めれば勝てる、という感覚を思い出した」。そう自信に満ちた表情で語るストライカーの進化の秘訣を、本人の言葉とともに探っていく。（取材日:8月29日）

2017年、大学在籍時に特別指定選手としてJリーグの世界に飛び込んでから、今年で7年目のシーズンを過ごすジャーメイン。過去6年間のリーグ戦で記録したゴール数は11。シーズン単位では昨年の3ゴールが最多だった。だが今季は32節終了時点で9ゴールとキャリアハイを大きく更新。チームのトップスコアラーとして攻撃陣を牽引している。得点数が飛躍的に伸びた背景には何があったのだろうか。

――ここまでキャリアハイの得点数を記録しています

ゴール数としてはキャリアハイを更新とよく言っていただくのですが、自分としてはそういう感覚はあまりないんです。プロ入りしてからはずっとJ1でプレーしていて、J2でのプレーは今年が初めて。チームとしても個人としても、目指すところは〝J1でどれだけやれるか〟という部分だと思っています。だから今の結果には全然満足していません。

――そうした中でも得点を量産できている要因は？

ひとつは、シンプルですが、監督に長い時間起用してもらっていることだと思います。今季の途中からは1トップというゴールに一番近いポジションでプレーしているので、他のチームメイトよりチャンスの数は多いですし、必然的にシュート数もここ数年では一番多く打てています。その上で、ボールのもらい方やクロスへの入り方にこだわって、多くのシュートを打てたことが、ゴール数の増加に繋がっていると思います。

――ここまで一番お気に入りのゴールはどれですか？

ホーム群馬戦の4点目です。リカルド（グラッサ）のパスに抜け出して決めたゴールですが、自分のイメージ通りというか、本当にやりたいことがピッタリとハマった得点だったと思っています。リカルドが顔を上げたタイミングで動き出して、相手のセンターバックの背後を取ることができました。タイミングも良くてオフサイドにもならなかったですし、良い形でボールを引き出せたなと思います。あとはファーストタッチさえ収まれば絶対に決められると確信していて、シュートが打てるところに、狙い通りにボールを置くことができました。

――動き出しやシュートパターンはどのように研究していますか？

ヨーロッパの試合をフルで見ることは多いですね。ハイライトだけではなくて、90分間しっかり見るようにしています。このポジショニングいいなとか、こういうアイデアもあるんだと勉強して頭に入れるようにしています。ただ実際の試合では本能的というか、あんまり考え過ぎずにプレーするときのほうがよく動けているかなと思います（笑）。

――今年、プレーの幅が広がったと感じるゴールはありますか？

まず、昨シーズンまで得意としていたのは、アウェイ千葉戦で決めたときのような少ないタッチからのシュートです。ボレーは元々得意ですし、ペナルティエリア内でワンタッチ、ツー

FW18 ジャーメイン良

「勝ちたいだけじゃない、俺が決めて勝ちたい」。

タッチで決めるというパターンが多かったです。それに加えて今年増えたのは、ヘディングでのゴールかなと思います。アウェイ山形戦、ホーム仙台戦、アウェイ甲府戦で決めていますが、頭でも取れるようになったのは大きいかなと思います。

―― ヘディングのゴールが増えた要因は？

練習の成果ですね。全体練習が終わった後、週一回くらいはヘディングシュートの個人練習をしているので、付き合ってくださるコーチのおかげだと思っています。大学時代はヘディングでのゴールが多かったのですが、『ヘディングはやったらやっただけ上手くなり、やらなかったらやらなかっただけ下手になるもの』だと僕は思っています。今年はヘディングの練習をしっかり積めているので、〝当て感〟がいいなというのは感じます。

あと、決められそうなときというのは、クロスボールが上がったくらいの段階で〝入るな〟って分かるんです。甲府戦でもヤットさん（遠藤保仁）のボールが上がって、落下点に入って行ったタイミングで、「確実に点が取れる」という感覚があったので、ヘディングに関しては今本当に良い状態にあると思います。

■

ジャーメインの貢献は得点だけに留まらない。横内昭展監督が「苦しいときに前線で時間を作り、仲間を助けるシーンが増えた」と称える通り、ポストプレーでも進化を見せる。身体を張ってロングボールを収めるだけでなく、キレのあるターンで相手をかわし、自ら持ち運んでいくシーンも増えた。ジャーメインのすぐそばでプレーすることの多い金子（翔太）も「試合で何回か成功してから自信をつけたのか、一気に伸びた」とその成長速度に目を見張る。

そして、スムーズなポストプレーを生み出しているのが、フィジカルの強さだ。昨季まではスピードを最大の持ち味としていたが、「今季はパワーを強みにしている印象がある」と鈴木雄斗は話す。筋力トレーニングには「やりすぎて注意されていたこともあった」（鈴木雄）ほどの熱量で取り組んでいる。そうした姿勢を間近で見ているからこそ、仲間たちもジャーメインを助けようと必死に走る。

「最近はジャメのプレーに対して周りも連動して動けるようになってきました。それをうまく利用し合いながらプレーできているのが、彼の良さをまた一段と引き出していると思います」（横内監督）。

―― 1トップとして監督の期待に応えていますが、プロキャリアで、これだけ長い期間1トップでプレーするシーズンは初めてでは？

そうですね。昨シーズンも1トップで出場することはありましたが、どちらかというとシャドーなど、2列目でプレーする期間が長かったです。今季も序盤は右サイドでプレーしていました。でも学生時代は1トップだったので、元の場所に戻ったような感覚です。

―― 3月下旬に怪我で戦列を離れた後、5月に復帰してからは1トップに定着しています

僕が怪我をしたあたりのタイミングで（杉本）健勇くんの移籍が決まり、その後（大津）祐樹くんが怪我をしたこともあり、自分が復帰したら最前線でプレーするのだろうなと考えていました。だからピッチに立てない期間も、1トップの選手の動きをしっかり追って、今チームとしてどういうプレーが求められているかというところは重点的に見ていました。

―― 1トップでプレーする上で、得点以外に大切にしていることは？

自分はフィジカルに特長がある選手だと思うので、しっかり自分の懐にボールを入れて、身体を使ってキープして、前線で時間を作ることを意識しています。相手を背負って後ろ向きでプレーすることが多いので、身体に厚みを加えられるように、今年は上半身の筋力トレーニングの回数を増やしています。今までは「スピードがある選手」と言われてきましたが、個人的には「スピードもある選手」になりたいんです。そうしたら得点パターンや自分のプレーの幅が広がるなと思っていて、今年は意識して取り組んでいます。

―― 筋力トレーニングはどれくらいの強度でしているのですか？

日によって内容は変えているのですが、試合の4日前とかは、重いものを持ってガッツリやるようにしていますね。試合までには疲れも抜けてくれます。今シーズンはずっと続けているので、体重も含めてかなり良い感じに仕上がってきていると思います。プロになったばか

Just Go on.

―― 進み続けろ。――

りの頃は線の細い選手だったので、体つきはだいぶ変わりましたね。

―― ポストプレーの際に心がけていることは?

例えば浮き球のロングボールだと、相手のセンターバックはある程度助走をとって、後ろからジャンプしてヘディングをしてきます。僕はそのディフェンスの位置を見て、落下点を読んで、ディフェンスがジャンプする直前に身体をぶつけて、相手のタイミングで跳ばせないような工夫はしています。これはYouTubeで興梠慎三選手(浦和レッズ)が言っていたことから学びました(笑)。試しにやってみたら、思いのほかうまくいったので続けています。

―― ポストプレーは相手のDFが全力でぶつかってきますが、キツイと感じることはありませんか?

いや、僕はむしろ今はそこが楽しいというか、やっぱり抑えられたときにすごい充実感みたいなものを感じるんです。そこは全く嫌ではないですし、抑えられる自信もあります。

■

14節千葉戦、28節いわき戦、31節甲府戦は一進一退の展開の中、値千金の決勝ゴールを決めて、いずれも1対0の勝利に導いた。苦しい場面でチームを救う姿を、松原后は「助っ人外国籍選手のようなオーラが出てきた」とユーモアたっぷりに褒めちぎる。

ここまでジャーメインがあげた9得点中7得点は後半に記録したもの。試合終盤のゴールも多く、勝負強いプレーぶりにはチームトップスコアラーとしての風格が漂う。昇格への期待と重圧が高まる終盤戦。その想いを力に変えて、ジャーメインは一心不乱にゴールを目指す。

―― 後半の得点が多いですが、試合終盤は体力的にもかなり苦しいですよね?

キツイです(笑)。特に夏場はハーフタイムの時点で気持ち悪くなるほど苦しいんですよ。そこからもう一回力を振り絞って残りの45分を戦っています。90分間走り続けるのは相当キツイですね。それでも勝ったときの充実感は格別なので、それを味わいたいんです。僕はボランチの選手などと比べるとそんなに長い距離を走るタイプではなくて、1試合の走行距離は9キロくらいのことが多かったんです。ただ今年は90分間フル出場することが多くなって、走行距離が10キロくらいまで増えました。だから苦しいですけど、90分走りきれる身体になってきているなという感覚もあります。

―― 先発フル出場を続けることで、出場時間でもキャリアハイを更新しています

コロナ禍で交代枠が5人に増えてから、以前と比べてFWは90分間プレーするポジションではなくなってきていると思います。僕としてもこれまでのシーズンは途中交代や途中出場が多かったのですが、そんな中、今年は90分間試合に出ることが増えているので、横内監督に感謝しています。

―― 9得点中7点が後半の得点と、勝負強さが際立っています

そうですね。昨年は天皇杯も含めて4点しか取れなかったのですが、その全てが90分以降に決めた得点でした。もちろんもっと早い時間帯に決めたいところですが、90分以降の時間は自分自身〝持っているな〟という感覚があります。

―― 終盤に点が取れる要因は?

選手としてチームの勝利を第一に考えていますが、僕はFWなので、チームが勝っても自分が点を取っていないと満足しきれないんです。やっぱり自分が決めて勝ちたいという気持ちがあるので、終盤は本当にキツイんですけど、チャンスだと思った時に力を振り絞ってペナルティエリアの中に入って行くことが、ゴールに繋がっているのかなと思います。

―― ジャーメイン選手のチャントが歌われるようになりました

嬉しかったです。チャントを作ってもらえたのはベガルタ仙台に所属していたとき以来でした。嬉しかったので何度も歌ってもらいたいなという気持ちになって、そういう意味ではチャントができたホームの仙台戦でゴールを決めて、繰り返し歌ってもらえて気持ち良かったです。おかげでウチの子どももすっかりメロディーを覚えて、家に帰っても歌っていました(笑)。やっぱり応援してくれる人がいることは自分の中で力になります。サポーターの方はもちろん、家族や地元の少年団の方々の期待は自分の原動力だなと改めて思いました。

―― 点を取り始めてから、変わってきたことは?

「自分が決めれば勝てる」という感覚ですね。プロに入ってからは失いかけていた感覚でした。今までは2列目でプレーすることが多かったこともあり、「自分が決められたら嬉しいけど、誰かが決めてくれればそれでいいかな」という感覚だったのですが、最近は「自分が勝負を決める」という気持ちでゲームに入ることができているかなと思います。

―― そういう感覚になったのは、いつ頃からですか?

得点数がチームトップに並んだあたりからですかね。確かドゥドゥが6点取っていて、ホームの藤枝戦あたりで僕の数字が追いついたと思います。その頃から「自分が一番取っている んだから、今日も自分が取ろう」という気持ちになってきました。点が取れていないときは、シーズンで7~8点取れたら満足するのかなと思っていたんですけど、いざ取ってみると、やっぱり「もっと点を取りたい」という気持ちが湧いてきて、今は毎試合点を取りたいという思いがあります。

―― エースストライカーと呼ばれたいですか?

…いや、野球ではないので、エースという言葉にそこまで執着はないです(笑)。コツコツと積み重ねて、「アイツこんなに点を取ってたの?」と言われる方がいいですね。ハットトリックとか派手なことをやるんじゃなくて、毎試合、地道にゴールを積み重ねていきたいです。

―― 最後に、J1昇格に向けた意気込みを

今は自分たちの上にいるチームだけを見て毎試合戦っているので、あまり昇格争いをしているという感覚はないんです。上のチームに近づくために、目の前の試合で勝点3を積み重ねていくという感覚しかありません。あとは勝つために自分が点を取る。それができたら昇格は自然とついてくるかなと思っています。

KO MATSUBARA

松原后

DF 4

Just Go on.

――進み続けろ。――

ジュビロの両翼を担う
サイドバック対談

超、攻撃的に。

今シーズン、不動のサイドバックとして攻守両面でチームを支えている鈴木雄斗と松原后。ジュビロの両翼を担う二人に、ピッチでの関係性やポジションの魅力などをたっぷりと語り合ってもらった。オンは熱く、オフは冷静な両サイドバックの、それぞれの思考を紐解くトークセッションをサポマガ読者にお届けする。

(取材日:8月29日)

右と左、それぞれの魅力

――まずは、そもそもサッカーにおいて両サイドバックの関係性とはどのようなものなのか、教えていただきたいです

鈴木　そこはもう、このポジションでの経験が長い后からどうぞ。

松原　俺っすか…(笑)。やっぱり現代のサイドバックって、攻撃に関わっていかないといけないし、守備もちゃんと戻ってやらなくてはいけないポジションです。そこは、僕と雄斗君でバランスをとりながらやっている感じですよね。まぁ……どちらかと言うと、俺がガンガン前に出て行ってますけど(笑)。雄斗君が上手くバランスを見てくれているので、助かっています。

鈴木　あはは。今年30試合くらい一緒にプレー

YUTO SUZUKI ×

MF 17

鈴木雄斗

してみて、后は本当にガンガン行くなぁと。でも、だからと言って俺がずっと後ろにいるということでもなくて、そこは相手との兼ね合いもあるよね。もちろん俺も、チームとして点を取りたいときは前に行くし、逆に相手の攻撃の選手が残っていたりしたら、バランスを見たりとか、そういう感じかな。あと、自分たちがリードしていても、后は結構ガツガツ行くんで。

松原　あはははは。

鈴木　逆サイドから見ていて、「あぁ〜！行った行った行った〜!!」みたいな。

松原　思ってたんですね。

鈴木　思ってるよ、いつも。そもそも、チームとして右と左の攻め方はちょっと違うもんね。

松原　それはありますね。左右で特徴がある。

鈴木　ヨコさん（横内監督）も言ってたけど、左はどちらかと言うと、個でどんどん打開していくタイプが多い。右は上手くコンビネーションを使いながら、という感じだよね。

松原　まさに。得点に繋がったシーンも、左右の特徴が出ていることが多い気がします。雄斗君も含め右で何人かが上手く関わって崩してくれて、そこからクロスが上がってくる。自分も逆サイドの大外から入って行く、という形はチームとして上手くできているのかなと思います。右から良いボールが来るので。

鈴木　ありがとうございます。

松原　あはは。だから自分もそこで決められるようにしたいなと。

強みを発揮し合うことで生まれる時間とスペースと決定機

鈴木　后とかドゥドゥとか（古川）陽介とかって、例えばドリブルに行くタイミングをうかがったりする駆け引きの時間がある分、相手の守備は警戒してそっちに寄るんだよね。だからう

ちは、結構左でボールを持って、相手を引きつけて、そこから右に展開するパターンが多いけど、そうすると僕のところで割と時間ができる。そこからパンパンと崩してクロス、みたいな形を多く作ることができているのかなと。8月下旬のホーム千葉戦もね、終わったあと后が「右サイドがめっちゃ空いていて、結構クロス上げられましたよね」みたいな話をしていて。それは本当にそうで。

松原　確かにそうでしたよね。

鈴木　左でそういう時間が長い分、右にはスペースと時間が生まれる。だから僕もドリブルで持ち込んだりできるんだよね。千葉戦の後半アディショナルタイムも、俺が右からクロスを上げて、后がファーに入ってきてヘッドっていうシーンがあって。

松原　あれは決めたかった……。

鈴木　決めて欲しかった(笑)。でも、逆のサイドバックがあそこまで入り込んで来るシーンが多いのは、俺すごいなと思っていて。后がクロスを上げて俺、っていうのはあんまりないけど、俺が上げたときには絶対后がいる。

松原　ははは。

鈴木　ああ、入って来てるなって。練習のときからそうだもんね。

松原　そうっすね。そこは心掛けているところです。

鈴木　俺がニアで引っかけたりしたときも、后が「雄斗君！こっち空いてたっす」みたいな声を掛けてくれる。サイドバックが外から入って来るのって、相手からしたら捕まえづらいんだよね。

松原　でもそれだけ前に上がって行けるのも、後ろでバランスを取ってくれる味方がいるからです。さすがに数的不利な状況になってしまうときは自分もステイしますけど。でも例えばリバプールのサイドバックって、サイドバックのクロスをサイドバックが決めるじゃないですか。

鈴木　うんうん。

松原　ああいうのを見ていると、やっぱり大外から入って行くっていうのは相手の守備陣からすると捕まえづらいんだなと思って。サイドハーフの選手が見なくちゃいけなくなるし、サイドハーフの選手が最終ラインまで戻って来るっていうのは、そこまでできる選手は少ない。だからこそ自分は、そこで上手くこぼれ球とかを狙っていけたらといつも思っています。結構転がってくるんですよね。

鈴木　そうだよね。俺もサイドハーフをやっていた時期が長かったからすごく分かる。俺と后が絡んだチャンスも結構あったよね。

松原　はい。

鈴木　アウェイの群馬戦のときも。

松原　そう！群馬のときも……。

鈴木　あったよね、俺のクロス。

松原　ありました。雄斗君のクロスに俺が合わせに行ったけど、変なところに当てちゃって、右に逸れて行っちゃって。うわぁ〜！って。

鈴木　あははは。でも相手もジュビロの両サイドバックは高い位置を取ってくると思って対策してくるじゃん。それでも点を取っていきたいよね。

松原　それは、狙っていきたいですね。

攻から守へ、そして守から攻へ サイドバックの献身

——試合を通して上下動を繰り返し、攻守で奮闘するポジションだと思いますが、守備面はいかがですか?

鈴木　俺はまさに、これまではそっちにパワーを使っているところがありました。8月のアウェイ町田戦のときに、11試合負け無しできているというのも相まって、どちらかと言うと后が上がるから、自分は守備に比重を置いていたんですよね。でも、町田戦を終えて反省して。

松原　そうだったんすね。

鈴木　守備って、絶対に戻らないとやられるじゃん。でも攻撃って、別に俺ら100歩譲って出ていかなくても大丈夫じゃん。点取れる可能性は低くなるけど。

松原　そうっすね。

鈴木　俺、その考えを町田戦の後にすごく反省して。守備の方にバランスを取っちゃう自分がどうしてもいて。積極的に攻撃に出て行って戻る、というのがサイドバックには必要なことで、じゃあそれを開幕してからここまで本当に全部できていたかと。その強度が自分には足りなかったし、考え方も足りなかったなとすごく思っていて。戻るところは意識してやっていたけど、出て行けなかったシーンの方が自分の中に残っていたから。

松原　そうだったんすね。

鈴木　だから、后ほどは出て行けないかもしれないけど、それくらいの気持ちで行って、周りの選手にカバーしてもらおう、逆サイドは后にカバーしてもらおうと。

松原　任せてください(笑)。雄斗君が言ったように、俺たちはそもそもディフェンダーだから、ちゃんと戻らなくちゃいけないというのは大前提ですよね。自分がマッチアップする相手のサイドハーフの選手だったり、自分とセンターバックの間を走る選手だったり、守るべきスペースや相手に対しては絶対にやらせないという気持ちは強いです。攻撃にガンガン出ても、ピンチのときは絶対に戻らないといけな

い。きついですけど、そこの質はもっと上げていかなくてはと思っています。

——攻守での上下動を試合最後までやり続けるサイドバックというのは、改めてすごいポジションですね

鈴木　確かにそうですね。それこそ、后はずっとこのポジションだよね？　いつからやってるの？

松原　サイドバックはプロ入ってからっす。

鈴木　高校のときは？

松原　高校3年のときは、センターバックやってたんですよ。FWとセンターバックやってて。

鈴木　FWとセンターバックやってたの？

松原　なんか、負けてたら俺が上がるみたいな。

鈴木　あぁ！　そのタイプね（笑）。

松原　そうっす（笑）。

鈴木　后は、俺が水戸にいたとき練習参加で来ていて。そのときのこと、すっごい覚えてる。コーチと見ていて、「多分あいつはうちに来ねぇな」みたいな（笑）。

松原　あははは。この前、そのときのこと教えてくれましたよね。

鈴木　その後エスパルスに入ってサイドバックで出てるのを見ていて。そこからずっとやってるんだもんね。

松原　そうっすね。

鈴木　俺は今年、ジュビロに来て初めて4バックのときのサイドバックをやってるから、すごく新鮮。楽しいなとか、色々な発見があるな、と思いながら。后は何でこのポジションをやることになったの？

松原　プロに入って、走れるし左利きだしっていうのがあったんだと思います。ちょうどそのとき、エスパルスに左サイドの選手がいなかったっていうのもあります。自分のタイプ的にも、そっちの方が合ってるなと思って。

鈴木　なるほどね。

——ポジション柄、ボールがないところで献身的に走っても報われないというシーンも多々あると思います

松原　でもやっぱり俺が上がることによって、ボールを持っている選手が上手くシュートを打てたり、スペースを使えるようになると思うんです。もちろん、完全に自分がフリーなときに、出したらチャンスになるっていうタイミングで出さなかったりする陽介とかには、よくキレてますけど（笑）。

鈴木　あははは。

松原　チャンスは逃さないでほしい。

鈴木　そうだよね。俺も、いつも上手く使ってくれたらいいよっていうスタンスでいて。攻撃に厚みをもたらすためにも、僕らが上がって行って、そこをダミーにしてチャンスを作ってくれるんだったら、全然使わなくていい。けど、「出せば1点だっただろ」みたいなシーンは、今振り返ってもすぐ思い出せるくらいあるから（笑）。そういうときはやっぱ「おい！」って思うし。でも、その後ちゃんとコミュニケーションを取るかな。やっぱりチームで点を取ることが目的だからね。

ジュビロの両翼を担う
サイドバック対談

超、攻撃的に。

鈴木雄斗×松原后

松原　間違いないっす。

高まっている連係、「もっとやれる」という感覚

鈴木　俺さ、今年3点しか取ってないんだよな。后は5点でしょ？

松原　そうですね。

鈴木　俺がお膳立てしたゴール、ひとつあるよね。

松原　あぁ！　ホームの徳島戦。

鈴木　お膳立てては冗談だけど、CKのボールを俺がトラップして打とうとしたら后に取られた（笑）。

松原　あははは。そうでしたね。

鈴木　でもさ、后に関しては、やっぱり高い位置まで上がっていたから点を取れた、みたいなのが多くない？

松原　確かにそうかも。

鈴木　アウェイの山形戦のときにボレーシュートで決めたゴールとかも、何気なく見えてるかもしれないけどすげーなと思った。あの試合って、2対0で勝っていたけど、俺のミスからカウンターを食らって2対1になってしまって。そこから相手が押せ押せになっちゃったんだよね。そのとき俺は、バランスを考えてしまって。攻撃4、守備6くらいの比重でポジション取りとかもしていて。でも、この子は違ったんだよ。

松原　あははは。

鈴木　GKが弾いたこぼれ球に反応して決めたっていうことは、あそこまで入って行ってるということ。あれを見たときに、やっぱこれだけ行けるのはすげぇなって。

松原　ありがとうございます！

鈴木　本当に良い時間帯に3点目を決めてくれたなぁと。あとさ、ドゥドゥと組むときの后と、陽介のときの后って、絡み方が全然違うよね。面白いよ、見ていて。

松原　そうっすか？

鈴木　陽介は後半点を取りに行く、みたいな展開でピッチに立つことが多いじゃん。スタジアムも含めて、なんかいけそうだなっていう雰囲気になるよね。二人がサイドを突破してくると、すごい盛り上がるし。

松原　いや、でも陽介はちょっと分かんないんですよね。どこに俺が立てばいいのか、未だに答えを見つけられていない。まだまだ陽介はドリブル以外にできることが少ないですからね。

鈴木　でも陽介は、后と組んでるときが一番パス出してると思うよ。

松原　ああ、確かに。

鈴木　二人が縦関係みたいになって攻撃しているときが、一番球離れがいいなって。それはきっと、后が陽介に常に言ってるからだと思う。

松原　あはは。育ててます（笑）。逆にドゥドゥと組むときは、頑張ってキープしてくれるし、そこで時間を作ってくれるから、自分としては上手くポジションを取れるんですよ。ドゥドゥは本当に頑張ってマイボールにしてくれるシー

ンが多くて、後ろの俺としてはすごく助かっています。
鈴木　確かにドゥドゥは時間を作れるよね。そうすると自然と后も高い位置に行けると。
松原　そうっすね。試合も重ねてお互いの動きとかも分かってきたし、二人で上手く良いポジションを取ってプレーできるシーンも増えてきたから、そこの精度をもっと高めていけたらなと思っています。逆に、雄斗君と組む右サイドの2列目は色々な選手が出ることが多いですよね。
鈴木　そうだね。だからたくさん話するよ。「こういうふうに相手が来るかもしれないから、こういうことをやってみようぜ」みたいなことは絶対試合前に話していて。もちろん試合を重ねて分かり合えてきたけど、まだまだ全然やれるなという感覚の方が強いかな。もっと崩せると思うし。そういう自信をつけたいよね。3人くらいが絡んでいって、「きた、この形」みたいなものを作っていけたらなと。

貫きたいもの

——プレーはもちろん、試合では二人のファイターぶりを見て気持ちが昂ぶる人がたくさんいると思います
鈴木　当たり前だよな、戦うのは。
松原　そうっすよ。
鈴木　ありがたいことに、俺らは今シーズン長い時間使ってもらっているし、どのチームの選手と話をしても、両サイドバックがスカウティングに上がるということを言われるんだよね。だから、もっと俺らが脅威になっていかないといけないし、上がる回数が多い分、その裏を突かれる可能性も高くなる。じゃあそこを攻撃で凌駕していけるかどうかと。攻守において、やるべきことはまだまだ多いよね。

超、攻撃的に。

ジュビロの両翼を担う
サイドバック対談

鈴木雄斗×松原后

松原　本当にそうだと思います。
鈴木　でも、后は向いてるよね、サイドバックに。
松原　そうっすか？
鈴木　もうイケイケだからね。
松原　ほんとに？ イケイケ……（笑）。
鈴木　でもね、后って普段は意外とあれだよな。プレーほど熱くないというか、結構ね、ローなんですよ。
松原　あははは。でも試合になるとやっぱ、スイッチが入りますね。でも雄斗君もどっちかと言うとそっちタイプっすか？
鈴木　俺はそうだね、まさしく。なんか自分でも、「あぁ～今めっちゃ怒ってるわ」って分かってるんだけど、もう止められない。
松原　あははは。
鈴木　止まらない。俺、荒波。
松原　荒波！（笑）。
鈴木　后はどうなの？ 自分では分かっていて、冷静なんだけど熱く見せてるところもある？
松原　そういうときもありますね。でもマジで普通に、「いや～やっちゃったよ、また」みたいなこともありますよ。イエローをもらってしまったときとか、「あぁ～もったいないことしちゃった」と思って反省してます。
鈴木　仲間思いの感情が強いんだよ、后って。でも大事だよね。誰かがやられたときに、シラけてたら「そんなチームなの？」って俺は思っちゃう。
松原　そうっすよね。カゼミーロ（マンチェスターU）とかすごいっすもんね。
鈴木　あははは。僕はどっちかと言うと、自分が納得いかなかったら、荒波になる感じで（笑）。
松原　ははは。荒波雄斗君。
——それでは、ここから昇格に向けてハードな試合が続きますが、改めて意気込みを
鈴木　どうぞ。
松原　そうっすね。雄斗君のクロスをちゃんと決められるようにします。
鈴木　お願いします。
松原　あとは、俺のクロスのこぼれ球とかにも、雄斗君がズドン、みたいな。
鈴木　狙ってます。
松原　はい！（笑）。なんか、そういうシーンを残りの試合でもっと増やしていきたいなと思いますし、ここからが本当に勝負なので、言葉じゃなくてピッチで俺らが見せるだけ、やるだけだと思うので、全部の試合で勝点3を掴み取っていきたいです。
鈴木　まさしく。ちなみに后って今シーズン何本くらいクロス上げてるの？ かなり上げてるよね。
松原　何本なんですかね。
鈴木　800本くらい？
松原　そんな上げてんすか、俺？（笑）。
鈴木　あははは。
松原　でも数はあんまり意味ないんですよね。どれだけそのクロスがゴールに繋がるか、ってところなので。
鈴木　そうだよな。とにかくお互いの強みをピッチで出し合って、攻撃に厚みをもたらすことで勝利に結びつけていきたいよね。そこの部分で結果を出せるような、そういう関係性でありたいなと思う。残り試合も少なくて、負けられないとか勝たなきゃいけないという気持ちにどうしてもなってしまうし、もしかしたら相手に先行される試合も出てきちゃうかもしれない。でも、例えば2対3で敗れた千葉戦は、前半の3失点はもちろんいらないけど、いや4点取れたよなと、攻め抜いた後半が終わったときに思ったんだよね。だからやっぱり攻撃的なスタンス、自分たちから積極的に攻めに行く気持ちというのは、どんな状況になっても持ち続けないとダメだなと。
松原　そうですね。攻めの姿勢を失ったら絶対にいけない。
鈴木　自分たちの攻撃的なスタイルを貫いて負けたら、それはもう仕方がないっていうくらいの気持ちでいかないとね。もちろん負けちゃいけないけど、そういう気概でガンガンガン両サイドで攻めて、戦っていきたいなと。
松原　超攻撃的両サイドバックということで。
鈴木　貫いていきましょう。

ドゥドゥ MF33

動き出した、サックスブルーでの物語

それは、心から待ち望んだゴールだった。8節のアウェイ水戸戦。序盤に訪れたチャンスを右足で仕留めたドゥドゥは、記念すべきジュビロでの初ゴールを決めたあと、一目散にゴール裏のビデオカメラへと向かい、レンズの向こうで待つ家族へ、感謝と愛の言葉を贈った。

■

日本でプレーすることは、ブラジル生まれのミッドフィールダーにとって「ひとつの大きな夢」だった。

２０２２年３月下旬。その物語は静かに幕を開けた。世界を巻き込んだコロナパンデミックの収束の目処はつかず、加入が決まってから来日するまで、随分と時間がかかった。プレシーズン期間を新たな指揮官、そしてチームメイトと重ねられないことに、不安が無かったかと言えば嘘になる。だが、その胸にあったのは、そうしたネガティブな気持ちを優に超える期待と希望だった。

「早く、自分がここに来た意味をみんなに知ってもらいたい。ジュビロの勝利のためにプレーしたい」。

その一心で、合流後は練習に臨んだ。チームメイトの声に耳を傾け、コーチングスタッフの要求を理解しようと、頭も身体も毎日フル回転させた。共に過ごせなかったプレシーズン期間を必死に取り戻そうとしたが、チームには激しいポジション争いと緻密な戦術があり、3ヶ月近い遅れは想像以上に大きかった。

デビュー戦は、4月中旬のルヴァンカップ、アウェイ福岡戦。ボランチの一角としてスタメンを飾った。中盤でボールを散らすだけではなく、積極的にシュートを放ちゴールへと迫る姿勢も貫い

た。だが、出場時間は前半の45分間のみ。その後、天皇杯は3戦すべてに先発したが、ルヴァンカップは福岡戦の1試合、リーグ戦は途中出場した2試合の出場に留まった。

ピッチが遠いことはもちろん、「チームの力になれていない」と感じることが、何よりも辛かった。ただ、現状を誰かのせいにしたり、仲間の輪から離れていくようなことだけはしたくなかった。「自分に足りないものがたくさんある」。己と向き合い、その答えを探しながら、いつ来るか分からないチャンスに向けて備え続けた。

■

夢に描いていた日本での日々とは程遠かった。「ここに来たことは、正解だったのだろうか」。そう思い悩んでしまうこともあった。

その落ち込みは、妻と生まれたばかりの娘には見せまいと気持ちを切り替えて家に帰る毎日だったが、10代の頃から誰よりも近くで支えてくれている最愛のパートナーに、心のうちは隠し通せなかった。

「ずっと行きたいと願っていた日本に来ることができて、そしてジュビロというクラブに巡り会った。あなたがここに来た意味は、必ずあるはずよ」。

ある日、いつもの優しく包み込むような声で、何気ない感じを装ってかけられた言葉に胸を打たれた。妻と向き合い一度口を開くと、自分の中だけに留めていた思いが、止めどなく溢れてきた。そのすべてを受け止めた妻は、「まだまだあなたは大丈夫。私も磐田や浜松の街の雰囲気がとても好きだし、ここにいたい。だから一緒に頑張ろうよ」。そう言って穏やかな笑顔を向けてくれた。

来日が決まった頃、第一子の出産を直近に控えていた妻は、母国ではなく日本で我が子を迎えることを決断した。それは、「コロナ禍で、一度離れてしまうと次いつ会えるか分からない。そばで新たな挑戦に臨むドゥドゥをサポートしたい」という気持ちが強かったから。見知らぬ国での初めての出産に、もちろん心細さはあったが、覚悟は決まっていた。

そうした妻の強さと愛情が、何よりの力になった。

「このまま、僕たちの夢を終わらせるわけにはいかないよな」。心が、奮い立った。

■

昨年のシーズンオフ、ブラジルに一時帰国した際、「とにかく何か変化を起こさなくては」という、はやる気持ちでいっぱいだった。まずは「来年のキャンプから万全のコンディションで臨めるように」とハードなトレーニングに励んだ。パワー系のメニューを中心に、連日汗を流した。「プレシーズン期間の出来で、自分のこれからのジュビロでの毎日が決まる」。そう確信していたからこそ、無心になってフィジカルを鍛え抜いた。

身体だけではない。「ムズカシイ」と感じる日本語の勉強からも逃げず、一層熱を入れた。

「ジュビロの仲間はみんなポルトガル語で自分に話しかけてくれた。初めてクラブハウスに来たときから、本当にアットホームな雰囲気で居心地がよかった。その感謝を忘れることはないし、今年はそこに甘えるだけではなくて、自分も言葉で想いを伝えなくてはいけない」。それが、使い込んで端がめくれた〝あいうえお表〟を家の壁に貼って、地道に勉強に励む理由だ。

チームのメディカルルームではあえて通訳をつけず、日本語だけで会話する。「コレはナニ?」が口癖になり、教えてもらって覚えた単語は積極的に使うように心がけた。

そうした小さな努力の積み重ねを、チームメイトもスタッフも、みんなが見ていた。それが、ピッチでの信頼に繋がっていった。

■

今シーズン就任した横内昭展監督は、ドゥドゥを本職のボランチではなく1列前のサイドハーフで起用した。「キャンプでプレーを見たときから、攻守両面で本当によくボールに絡むし、球際が強い。面白い選手だと思っていた」。

ドゥドゥもまた、日を追うごとに手応えを感じていた。「調子はどう?」、「日本での生活は問題ない?」そうやって何気なく話しかけてくれる指揮官の言葉が嬉しかったし、「期待に応えたい」という思いは一層強くなった。ときには厳しいことも要求される。攻守にやるべき仕事はたくさんあるが、その充実は久しぶりに感じるものだった。

開幕戦はベンチスタートとなったが、2節の山口戦でスタメンの座を掴むと、以来先発メンバーに定着。身体を張り、強さと粘りで味方が攻め上がる時間をつくり、自らも果敢にゴールへと迫った。試合終了まで衰えないスタミナでチームを救った。欠かせないピースになっていく中で、「サックスブルーのユニフォームを着て自分もゴールを決めたい」という気持ちは、次第に大きく

ドゥドゥ

動き出した、サックスブルーでの物語

なっていった。決定的なチャンスも何度か迎えていただけに、「今度こそ決めなくては」というプレッシャーも次第に大きくなっていった。

そうした心境の中で迎えた8節、水戸戦。前半8分に訪れたビッグチャンスを逃さなかった。右サイドから松本昌也が上げたクロスに対し、ペナルティエリア内へと侵入。ダイレクトで右足を合わせてネットを揺らした。「背負っていた荷物が軽くなった気がした」ジュビロでの初ゴールは、ドゥドゥにとって特別なものだった。そしてそれは、常に隣で見守ってきた家族にとっても宝物のような1点になった。

家で試合を見ていた妻のもとに、ドゥドゥがカメラ越しに叫んだメッセージはしっかりと届けられた。

■

このゴールを皮切りに、ドゥドゥは得点を重ね、リーグ戦33試合を終えた時点でキャリアハイの6ゴールをマークしている。「ここに来た意味」をなかなか見出せなかった日々を家族と共に乗り越えた今は、ピッチでそれを表現することができている。これほど幸せなことはない、と思う。

「毎回サポーターが素晴らしい雰囲気を作ってくれて、感情的な気持ちにさせてくれる」というホームゲームでは、いつも1歳を迎えた愛娘と入場する。それは、「ジュビロで過ごすその瞬間、瞬間を大事にしたい」という夫婦二人の想いがあるからだ。

愛に溢れた家族の日本での挑戦は、まだ序章にすぎない。ジュビロでの物語を、これからも大切に紡いでいく。

THE ZATSUDAN TALK 2023

秋の陣

MF28 鹿沼直生

MF31 古川陽介

DF3 森岡陸

サポーターズマガジンの人気コーナー、『THE ZATSUDAN TALK』。今回は仲良しの3人組、鹿沼直生選手、森岡陸選手、古川陽介選手に登場していただきました。それでは早速、3人のまったりトークをお楽しみください。

――では最初のお題ですが、挑戦してみたい髪型はありますか？

森岡 俺はサラサラの金髪。

古川 なんやそれ。

鹿沼 中学の時みたいにストレートパーマにすれば？「森岡陸」って検索したら出てくるやつ。

森岡 **それ黒歴史だからやめて（笑）**。その時はストパーが流行ってたんよ。

古川 ガチで？

森岡 前髪だけストレートで、後ろがクルクルしてて。今振り返るとクソダサい。

一同 あははは。

鹿沼 それが嫌で坊主にしたの？

森岡 いや、普通にうっとうしくて坊主にした。4回くらい。

古川 めっちゃ多いな。いつ頃なん？

森岡 坊主は高校で3回くらいやって、大学でも1回はやったかな。

鹿沼 じゃあ大学の時、もしかしたら坊主の陸と対戦してるかも。

森岡 そうそう。坊主にしたら髪質が変わる説あるじゃん？

古川 聞いたことあるな。

鹿沼 ストレートの人がちょっとパーマになるみたいな。

森岡 そう、クルクルが治るみたいな噂があったから、**めっちゃ期待して4回やったけど全く変わらなかった。**

一同 あははは。

森岡 悔しい。ただただ悔しい。

鹿沼 はい、じゃあ次のお題にいこう。

森岡 ちょっと待って、俺の髪のことしか話してないじゃん（笑）。

古川 俺はめっちゃ伸ばしてボブっぽくしたい。

森岡 やれよじゃあ。

古川 伸ばしてる途中で我慢できずにいつも刈り上げてまう。

森岡 「似合ってない」って絶対に先輩にイジられるでしょ。（伊藤）槙人くんとか。…あ、これカットで。

一同 あははは。

森岡 でも槙人くんならいいか。

鹿沼 槙人くんは大丈夫。イージーな先輩だから。

森岡 それはダメ（笑）。

古川 後でしばかれるな。

鹿沼 でも話題に出て喜ぶかも。

森岡 山田さんもそう。「もっとイジって」って言ってくるもん（笑）。

古川 イジって欲しそうな顔してくるよな。

森岡 そうそう。カヌはやってみたい髪型ないの？

鹿沼 マジでないんだよな。

森岡 ずっとその髪型やん。

鹿沼 考えるのが面倒臭いから、「いつもと一緒で」ってなるんだよね。

森岡 同じ美容室だから、今度陸からオーダーかけといて。それでいくわ。

森岡 俺、カヌのロン毛とか見てみたい。

鹿沼 それはマジで無理。それこそ耐えられない。

森岡 陽介は坊主にしたことあるの？

古川 ないな。俺はずっときのこ頭みたいな感じで、高校の時、友達に「前髪上げれば」って言われてこうなった。

森岡 それからずっとそれ？

古川 そう。

森岡 いいな。**センター分けとか真似してみたい。**

――イジられたがりな先輩といえば、誰が思い浮かびますか？

一同 （即答で）**山田さん。**

森岡 他に誰かいる？

古川 イジられにくる人か。

鹿沼 みんなじゃない？

森岡 （山本）康裕くんとかもね。

古川 横からぼそっと言ってくるよな。

森岡 そうそう、康裕くんは面白い。でもうまく返せないと満足してくれないから、めっちゃ頑張ってる。

古川 あの瞬間、何を言おうかめっちゃ考えるよな。

森岡 **マジで頭フル回転させてる。**

鹿沼 陸は返しても、そのままスルーされてる時あるけど。

森岡 そうそう。でもそれはそれでおもろい（笑）。

古川 うまく返せたら嬉しいよな。

森岡 そこは槙人くんとか、カジくん（梶川）がうまい。

鹿沼 うまいよね、全部返す。

森岡 **カジくんはマジでプロ。**

鹿沼 誰に対しても、基本全部拾う

でしょ。

森岡　そうそう。やっぱ俺らと違うよな。

古川　違う。

鹿沼　カジくんはすごい。

古川　あとは誰かな、イジられたがりといったら。

鹿沼　（松原）后くんとかは?

森岡　あー、后くんだ。

古川　**めっちゃ嬉しそうな顔で、「ふざけんなよ」って（笑）。**

一同　あはははは。

森岡　イジられるとバカ嬉しそうだもん。

鹿沼　待ってるでしょ。

古川　マジで待ってる。

――梶川選手の他に、返しがうまい選手といえば?

森岡　（藤原）健介とか?

古川　うまいかな?あいつ結構パワープレーしてこん?

森岡　俺、パワープレー好きなんだよね。

鹿沼　自分でボケて、自分でツッコむスタイル。

森岡　あとは誰かな。

古川　（大森）晃太郎くんとか。

鹿沼　晃太郎くんはおもろい。

森岡　たまにしか喋らないのが、またいい感じなんだよね。

古川　こないだのSNSの投稿見た?

森岡　見た。バカおもろい。

鹿沼　え、なにそれ?

古川　狭い駐車場で、晃太郎くんの車のすぐ右隣に高級車がピタっと止まってる写真で、**「どうやって入んねん」**って（笑）。

鹿沼　おもろ（笑）。

――本人の後日談ですが、「結局、隣の車が出ていくまで買い物をして待ったから、駐車料金が最大になった」と。

一同　あははははは。

古川　話うまいな。

鹿沼　さすが。

森岡　…でも本当はすぐ帰ったでしょ（笑）。

鹿沼　帰ったね。

森岡　それ多分、作り話です。

古川　絶対作ったな。

森岡　だって普通に逆から入れるじゃん。

鹿沼　たしかに。

――続いてのお題ですが、「お互いのちょっと変わっている」と思うところは?

鹿沼　そんなの陸なんて全部じゃん。

古川　マジでそうでしょ。

森岡　え?

鹿沼　まともなところの方がない。

古川　いま探してるけど、ムズイな。

鹿沼　…まともなところある?

森岡　…まとも、でしょ。

古川　と言っているところがまともじゃない（笑）。

鹿沼　見つからないもん。

森岡　しょうがないじゃん。俺だって頑張ってるんだよ。

古川　頑張ってるよな。

鹿沼　確かに頑張ってはいる。

森岡　**俺にはこの世界は狭すぎる。**

古川　日本が狭いんやな。

森岡　生きにくい、本当に。

鹿沼　最近その発言多いな。

古川　ボリビアとか行ったらいいんちゃう（笑）?

一同　あはははは。

森岡　うまい!

鹿沼　でも陽介も。

森岡　変わってるよな。

鹿沼　陽介は（小川）大貴くんとか、先輩にもタメ口でいくから。

古川　俺、今年に入ってから、めっちゃ喋る人増えた。ヤットさん（遠藤）とかとも喋れるようになったのは嬉しい。

森岡　確かにヤットさんとか、康裕くんと喋れると嬉しい。

古川　こないだ試合が終わったあと、俺は途中交代で3分くらいしか出てなくて、全然ボールを触ってないのに、**「陽介良かったな」**って（笑）。

一同　あははははは。

森岡　わかる!

鹿沼　俺もめっちゃ言われる。

古川　めっちゃ言われるわ。

森岡　全然プレーダメだったのに、「今日、陸良かったね」って。

鹿沼　それはわかるわ。

古川　マジで毎試合言われる。

鹿沼　俺も5分しか出てないのに、次の日のアップ中に、「カヌ、昨日ナイスプレー」って（笑）。

一同　あはははは。

鹿沼　「いや、何もしてないです」って。

古川　アウェイの甲府戦なんか、俺はヤットさんと交代だったんだけど、ピッチに入るタイミングで、「お、今日良かったやん」って。

一同　あははははは。

古川　「まだ出てないっすよ」、「あ、そっか」みたいなやり取りな。嬉しいわ。

森岡　ヤットさんに言われると嬉しい。カヌは変わっているところあるかな?

鹿沼　いっぱい頂戴。

古川　…ないでしょ（笑）。

一同　あははは。

鹿沼　普通でした（笑）。

古川　こんなに普通な人間いないでしょ。

森岡　でも真面目そうに見られがちですけど、結構適当ですよね。

鹿沼　それは間違いない。

森岡　イメージと全然違う。

鹿沼　キッチリしているタイプではないです。ロッカーとかも別に綺麗ではないしね。

森岡　そうそう、しっかりしてそうなのに。

鹿沼　そういうのは面倒臭い。

古川　先生とか先輩に絶対怒られへんタイプじゃない?

森岡　確かに。

鹿沼　普通に怒られてるけどね。

古川　俺は率先して怒られてたわ。

森岡　俺も。**何もしてなくても怒られるもん。**

一同　あはははは。

古川　なんかな。やる気ないみたいに見られる。

森岡　わかる。「ニヤニヤしてるから」みたいな。

古川　そう、「ヘラヘラすんな」って。

森岡　「お前ふざけてるだろ」ってね。普通にしてるだけなのに。

古川　言われがちよな、俺らは。

森岡　そうそう。

――では、ジュビロの選手で一日入れ替われるとしたら誰が良いですか?

森岡　一日だけじゃなくて、これからの人生全部にしましょうよ。

鹿沼　でかいな。

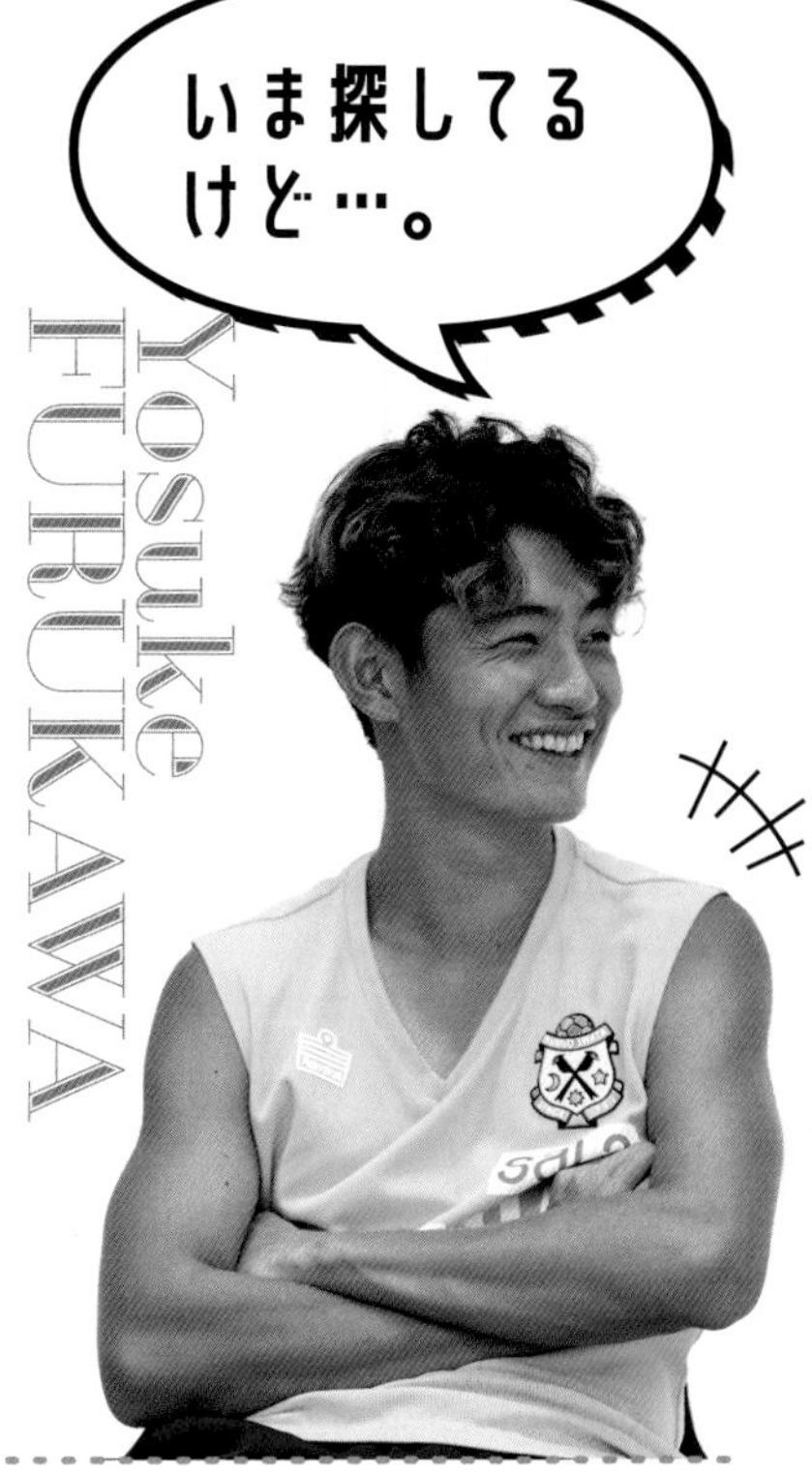
いま探してるけど…。
Yosuke FURUKAWA

陸はまともなところがない。
Naoki KANUMA
?!

森岡　俺は後藤。
古川　なんで？
鹿沼　将来性を見てる？
古川　自分で作っていきたいんや。
森岡　そうそう。
鹿沼　俺、ヤットさんのお金のことしか考えてなかったわ（笑）。
古川　確かにヤットさんにはなってみたい。
鹿沼　ヤットさんの思考回路とか、メンタリティとかも気になる。
古川　どういう考えしとるんやろな。
鹿沼　でもやっぱり大津祐樹くんかな。社長業が気になります（笑）。
森岡　あそこまでイケメンだったらめっちゃモテるだろうし。でも、後藤でしょ。
鹿沼　お前、未来見てるな。
森岡　あははは。
鹿沼　後藤になって、何したいの？
森岡　まず、やんちゃすぎるところを変えます。
古川　それは無理です。
森岡　あははは、無理らしいです。
鹿沼　性格を変えようとしてるの？
古川　あいつは尖ってるから無理です。
鹿沼　尖ってるからこそ、良いんだよね。
森岡　それはある。
鹿沼　普通の性格だったら、あそこまでいってないと思う。
森岡　確かにそれはある。でもなってみたいな。
鹿沼　一日だけならね。でも一日だけなら、お前らのことも気になるよ。ずっとは嫌だけど（笑）。
――では、ジュビロの選手以外で入れ替われるなら？
森岡　俺は歌がうまくなりたいから、歌手だな。
鹿沼　わかるわ。
森岡　ＯＮＥ　ＯＫ　ＲＯＣＫのＴａｋａとか。
鹿沼　わかるかも。
鹿沼　ライブとかしてみたい。
森岡　でも陸はうまいからね。
鹿沼　やめろって（笑）。ど下手くそだから。
古川　俺、最近歌がうまくなった気がする。
森岡　それは勘違い。
古川　マジで？（笑）。
森岡　でもお前はまだ大丈夫。ひどいのは（鈴木）海音とか。
古川　俺、一緒にカラオケ行ったことあるんやけど。
森岡　どうだった？
古川　**声デカかった。**
一同　あははは。
森岡　声量でごまかそうとするタイプね（笑）。でも、多分ごまかしきれてない。
鹿沼　しかもアイツめっちゃ歌うしね。キャンプで同部屋の時、ずっと歌ってた（笑）。
森岡　アイツやばいでしょ。
鹿沼　**怖かった（笑）。**
一同　あははは。
鹿沼　俺は入れ替わるなら、大谷翔平かな。
森岡　わかるわ。
鹿沼　良いとこ選んだでしょ。
古川　でも絶対しんどいやろな。
森岡　でもなってみたいよね。ホームラン打ちたい。
古川　三振取ったら、ばり気持ちいいんちゃう？
森岡　いや、ホームランでしょ。
鹿沼　どうなんだろ、どっちかな。
古川　じゃあ俺は、井上尚弥で。
森岡　待って！　うわーなんで俺、先に思いつかなかったんだろ。
古川　俺ら最近ボクシングとか一緒に見てるからな。
森岡　そうそう。みんなに見られている中でガツーンと倒したら気持ち良いんやろな。
鹿沼　確かにそれは気持ち良さそう。でも陸はそのままでも強そうじゃん。
森岡　あははは。
鹿沼　懐に入っていく感じで。
森岡　ボクシングより総合格闘技の方が向いているかな。**グニャグニャしていて、関節技が決まらないから（笑）。**
古川　でも格闘家はカッコいいよな。
森岡　男としてね。
古川　ガキの心をくすぐられるというか。
森岡　血を出しながら戦うの、カッコいいよな。
鹿沼　…俺は分からない側です。
一同　あははは。
鹿沼　痛そうだな、って。
森岡　俺らはまだ若いから、殴られてもいいよな。
古川　うん、でも痛いのは嫌やわ。
森岡　**俺は別に殴られてもいいけど。**待って、サイコパス発言みたいに聞こえちゃう。
鹿沼　まあ俺らはサッカー選手だから、サッカーでカッコいいって思ってもらえるように頑張ろうな。
古川・森岡　おー。終盤戦、昇格できるように頑張ります！

THE ZATSU DAN TALK 2023 秋の陣

SBSアナウンサーの放送席からひとこと ON AIR

ジュビロサポーターズマガジンをご覧の皆さん、こんにちは！ ＳＢＳアナウンサー重長智子です。今季はＪリーグ公式映像（ＤＡＺＮ）のインタビュアーとしてヤマハスタジアムに何度も足を運んでいます。中継時はピッチサイドでゲームを追っていますので、監督・選手の皆さんの声がよく聞こえてきますし、ゴールの瞬間は私もガッツポーズをしています！ 試合後のインタビューは「今日しか聞けないことを聞こう！」とマイクを握っています。多くの方に生の声をお届けできることを誇りに感じています。

　ピッチサイドでは運営スタッフの方々ともよく話をしています。スタッフの皆さんは、スタジアムでお客さまにどう楽しんでもらうか、ホームでの毎試合、様々なアイデアを出し合っているんです。８月26日の千葉戦、「夏・子ども」をテーマに開催されたミニ運動会では親子で二人三脚をして大盛り上がりでした！ また、ＨＰからダウンロードした「宿題チャレンジ」をクリアした子どもたちに、特別なシールを配るのも人気だったとか。選手たちのコメントが入った「ブラボーシール」という貴重なシールです。

　そして、この日のマッチデープログラムには、監督と選手のサマーコーデの写真も掲載されました。浴衣や甚兵衛、アロハシャツを着て、いつもと違った雰囲気。個人的には、横内監督の浴衣姿がとても〝セクシー〟でしたよ。雷雨のため、ハーフタイムのイベントはお預けになってしまいましたが、毎回、素敵な取り組みをしています。

　私にはサッカー好きな小学１年生の息子がいます。昨季は一緒に観戦するだけでしたが、このようなイベントの日に合わせて行くと、より楽しめるんだと実感しました！

SBSアナウンサー
重長智子（しげなが・ともこ）
大阪府出身。2005年、静岡放送に入社。
現在、2児の母。

【現在の担当番組】
SBSテレビ：「お買いものいいね！」（火曜あさ9:55～）
「静岡発そこ知り」（水曜よる7:00～）

りれ→ de ジュビロ

ジュビロ磐田スタッフによるリレー形式コラム

分析担当テクニカルスタッフ
酒井清考

サポーターズマガジン読者の皆さん、こんにちは！ 分析担当の酒井清考です。島田市出身のO型、奥さんと息子2人の4人家族です。

静岡大学から筑波大学の大学院を経て、2014年からJFAで世代別日本代表チームのテクニカルスタッフを務め、2022年の夏からはA代表の分析担当として、横内さん（当時代表コーチ）と共にカタールW杯に帯同しました（ちなみに世代別代表では、今ジュビロにいる選手たちとも一緒に活動したことがあります！）。

ジュビロに来てから、町中やショッピングセンターで、ジュビロのエンブレムや「ジュビロ磐田を応援しています」という言葉をよく目にします。そのおかげか、息子たちも今まであまり興味が無かったサッカーが大好きになって、ジュビロの試合を観戦したり、マッチデープログラムを集めて喜んでいます。そんな姿を見ていると「日常にサッカーが感じられるっていいなあ」と嬉しい気持ちになりますね。

このコラムでは、あまり知られていない(?)分析の仕事内容について少しお話ししたいと思います。私は現在、対戦相手の分析を主に行なっています。まずコーチングスタッフと対戦相手の情報を共有するために分析資料や映像データを準備し、プレゼンを行います。どういう攻撃を特長としているのか、守備のウィークはどこにあるのかをスタッフ間で話し、その内容をもとに選手との全体ミーティングを行います。その他にもコーチングスタッフと協力してセットプレーの準備も行います。今は週末の試合に向けてじっくり分析することができますが、連戦中は次の試合まであまり時間が無くて、ミーティングに追われる毎日でした…。

対戦相手の映像はだいたい5試合分くらいは見ていますが、相手によってその見方も違います。例えば戦術・スタイルが一貫しているチームなら、試合数をたくさん、というよりも選手個々の特徴をしっかり把握することに重きを置くことが多いです。逆に相手次第で戦い方を変えてくるチームの場合は、イメージを掴むためにいろいろな試合の映像を見たり、自分たちと似たスタイルのチームと対戦したときはどうだったのか？ということを確認したりもします。

試合に向けた分析以外にも、練習中に撮影した映像を編集して、選手たちがすぐ見られるようにクラブハウス内のモニターに流したり（ジュビロではグラウンドへの出入口に設置されています）、スマホでどこでも見られるよう映像共有プラットフォームにアップロードしています。ちなみに大久保グラウンド上空にいるドローンは、僕が飛ばしています（笑）。

最近では、シーズンを通してチームと共にいられることの喜びを強く感じるようになりました。代表では1～2週間、長くて1か月間の選手の様子しか見られなかったのですが、今は日常的に選手たちと接することができますし、チームの調子が良いときも悪いときも一緒に経験しているので、試合に勝ったときの嬉しさもより一層大きいです。

ホームでもアウェイでも、本当にたくさんのジュビロサポーターの皆さんが応援してくれるので、自分はピッチに立っていなくても、その存在にすごく勇気づけられています。J1昇格に向かって、最後まで一緒に戦いましょう！

酒井清考分析担当に励ましのメッセージをお待ちしています。 宛先 〒438-0025 静岡県磐田市新貝2500 ジュビロ磐田 サポマガ『りれ→de ジュビロ』宛

59 生まれ変わったら何になりたい？
歌手になりたい

60 魔法をかけることができたら何をしますか？
時間を戻す

61 特殊能力を身につけられるとしたら何が良い？
何が起こるか予知できる能力

66 ルーティンは？
無いっすね

67 サッカー選手以外でなりたい職業は？
そりゃ歌手でしょ（憧れです）

68 海派？山派？
海

69 肉派？魚派？
魚

70 ストレス解消法は？
一人になる

71 自分の自慢は？
興味の幅が広いこと

72 自分の好きなところは？
上と同じ

73 言われて嬉しい言葉は？
変わってるね（松原）后

74 好きなサッカー選手は？
ゾマー

75 どんなところが？
プレースタイル、反射神経

76 好きな海外のサッカーチームは？
特に無い

77 好きな海外の代表チームは？
特に無い

78 ジュビロのOBで好きな選手は？
ヨシカツさんでしょ。
小さい頃からずっと見てた選手

79 特に仲の良い選手は？
いないね（笑）

80 尊敬する選手は？
みんな尊敬してます

81 チームで一番面白い選手は？
（大森）晃太郎で

82 チームで一番サッカーが上手い選手は？
（遠藤）ヤットさんでしょ

83 チームで一番頑張っている選手は？
ドゥドゥ

84 チームで一番ポテンシャルが高い選手は？
後藤くん
85 チームで一番成長しそうな選手は？
これは俺でしょ

86 チームで一番私生活が気になる選手は？
87 チームで一番苦労している選手は？
これはちょっと分からないな。それぞれ

88 チームで一番面白いスタッフは？
（赤阪）ジョージさん

89 チームで一番イケメンな選手は？
山田さんでしょ。

90 チームで一番頼りになる選手は？
ジャメでしょ。

91 対戦した中で一番上手いと思った選手は？
菅野（孝憲）さん

92 チームとして今一番必要なことは？
勝利

93 チームとして自信を持ってもいいところは？
誰が出ても同じサッカーができるところ

94 今の自分は100満点中何点ですか？
50点

95 自分にとって足りないものは？
地道な作業

96 将来の自分は何になっていますか？
カッコいい大人になりたい

97 ジュビロ磐田は好きですか？
はい！

98 どんなところが好きですか？
地域密着なところ

99 自分の支えは？
家族、友人

100 たくさんの質問に答えた最後に一言
見てくれてありがとう

62 もし昔に戻れるならいつに戻る？
大学生
何も考えずただただ楽しかったから

63 ひとつだけ自分の何かを変えられるとしたら？
血液型

64 コンビニでよく買うものは？
コーヒー

65 得意料理は？
料理はしない

18／ジャーメイン良
ゴルフバカ

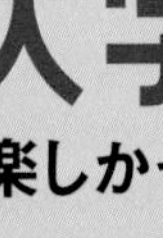
29／ファビアン ゴンザレス
落ち着いたキーパー

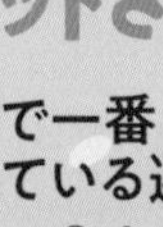
36／リカルド グラッサ
うなぎうなぎ

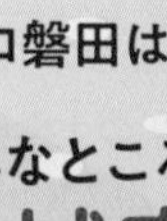
42／後藤啓介
時計好き

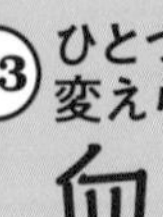
23／山本康裕
何もない

31／古川陽介
変 態

38／藤原健介
ゴルフ負けそうになると口で攻撃してくる

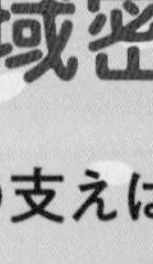
50／遠藤保仁
おともだち

27／吉長真優
ゴルファー

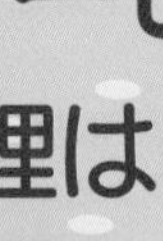
33／ドゥドゥ
すごいキーパー

39／高野遼
自由に一人の時間を謳歌している

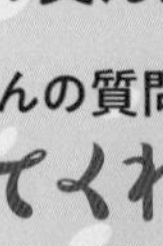
77／大津祐樹
ペテン師

28／鹿沼直生
ゴルフのイメージしかない

34／針谷岳晃
会話ができない

40／金子翔太
単独犯

81／梶川裕嗣
遊び人

選手解体新書

GK 21 -RYUKI MIURA- 三浦龍輝に聞く100Q

まだ誰も知らない選手の素顔に迫る、サポマガ大人気企画『選手解体新書』。今回登場してくれるのは、数々のスーパーセーブでジュビロのゴールを守り勝利に貢献しているGKの三浦龍輝選手です。前号では藤原健介選手から「変わり者だと思うので私生活が気になる」と言われていた守護神の、オフザピッチの顔に迫ります。

1 お名前は？ 三浦龍輝
2 生年月日 1992年5月17日
3 出身地 東京都
4 出身大学 明治大学
5 身長 181センチ
6 体重 74キロ
7 血液型 AB型
8 利き足 右
9 利き手 両手 お箸は右で投げるのは左
10 ポジション GK
11 背番号 21
12 自分の長所は？ 色んなことに興味を持てるところ
13 自分の短所は？ 人にやらせがち
14 趣味は？ ゴルフだなぁ
15 自分の性格を一言で言うと？ 変わり者
16 努力家か天才派か 努力家かなぁ
17 好きな番号は？ 無いなぁ
18 好きな色は？ 最近緑推し
19 選ばない色は？ サックスブルー（笑）
20 好きな食べ物は？ うなぎでしょ
21 嫌いな食べ物は？ うめぼし
22 好きな飲み物は？ 炭酸水
23 好きなおにぎりの具は？ ちっちゃいとき好きだったのは シャケおにぎり
24 好きなブランドは？ RG
25 好きな芸能人は？ 矢野未希子
26 好きな車は？ ベンツで
27 好きな場所は？ 家
28 好きな時間は？ 休みの日に早起きしたとき
29 好きな言葉は？ 根拠のない自信
30 好きなテレビ番組は？ ゴルフサバイバル
31 好きな映画は？ ブラッドハウンド
32 好きな季節は？ 夏が好き
33 嫌いな季節は？ 冬！
34 好きな花は？ 花は分からんっす
35 好きな匂いは？ 木の枝を焚いた匂い（パロサント）にはまってます
36 好きなミュージシャンは？ 最近はYOASOBI
37 好きな歌は？ YOASOBIのアイドル
38 思い出の一曲は？ 何かあったかなぁ
39 最近泣いたこと 久しく泣いてない
40 最近笑ったこと GK練習で（川口）ヨシカツさんが「横向きスタートで180度反転！」って言いたいところを、「190度反転」と言って、一瞬みんな「…？」となったこと
41 最近怒ったこと 無いなぁ
42 最近嬉しかったこと リーグ戦100試合出場を達成したこと
43 最近悲しかったこと これも無いなぁ
44 最近始めたこと 韓ドラ見始めた
45 最近諦めたこと ゴルフの練習（暑過ぎて）
46 最近買ったもの くるま
47 最近買ったけど失敗したもの あんまり思い切った買い物はしない
48 今一番行きたい場所は？ 海外
49 その理由は？ 久しく行ってないから
50 今一番したいことは？ 落ち着くところに行きたい
51 今一番欲しいものは？ 家族
52 今までで一番悔しかったことは？ 昨年の結果
53 今までで一番感動したことは？ 覚えてないなぁ
54 今までで一番苦しかったことは？ 試合に出られなかったとき
55 一日オフ、何をしますか？ サッカーから離れ
56 一週間オフ、何をしますか？ 旅行
57 一年オフ、何をしますか？ 何か趣味を見つける
58 自分を動物に例えると わかりません！

TEAM MATE COMMENTS 三浦龍輝と聞いて連想される言葉

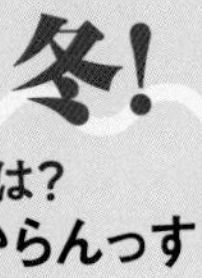
1／八田直樹 腹黒い

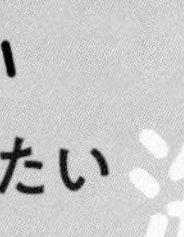
6／伊藤槙人 独身フレンド

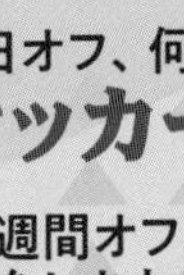
13／藤川虎太朗 ゴルフ

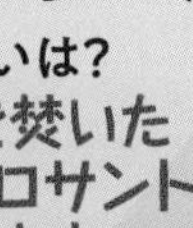
3／森岡陸 いじめっ子

7／上原力也 一生独身

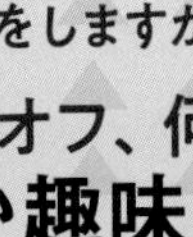
14／松本昌也 うなぎ王子

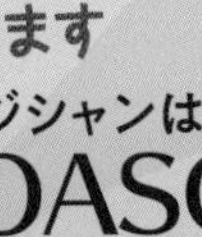
4／松原后 髪のハイライトがきれい

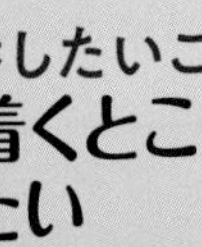
8／大森晃太郎 ちょっとオネェ入ってる

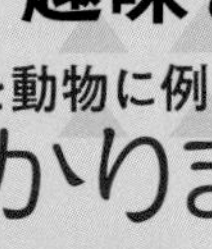
15／鈴木海音 目が真っ赤

5／小川大貴 コンパクトGK

10／山田大記 メンヘラ

17／鈴木雄斗 丁寧に一人の時間を過ごしている

ジュビロ磐田U-18

MF 中村駿太(3年)

DF 李京樹(3年)

GK 齊藤貫太(3年)

MF 鈴木泰都(3年)

DF 沼田大輝(3年)

FW 舩橋京汰(3年)

DF 竹村俊(3年)

DF 伊藤稜介(3年)

FW 白石瑛也(3年)

MF 竹田優星(3年)

FW バルア ロイ(3年)

FW 山本将太(2年)

MF 川合徳孟(2年)

6月4日(日) vs.清水エスパルスユース

DF 小澤有悟(1年)

DF 渥美慶大(2年)

MF 森力介(2年)

FW 河合優希(2年)

(9月12日時点)

高円宮杯 JFA U-18 サッカープレミアリーグ 2023 WEST

節	月 日	キックオフ	対戦相手	会 場	結果
6	5月14日(日)	11:00	東福岡高校	ヤマハスタジアム	●1-3
7	5月21日(日)	11:00	横浜FCユース	横浜FC・LEOC トレーニングセンター	△3-3
8	6月18日(日)	11:00	サンフレッチェ広島F.Cユース	吉田サッカー公園	●2-3
9	6月25日(日)	11:00	サガン鳥栖U-18	磐田スポーツ交流の里 ゆめりあ球技場	○4-1
10	7月2日(日)	16:00	静岡学園高校	磐田スポーツ交流の里 ゆめりあ球技場	●1-4
11	7月9日(日)	10:00	大津高校	大津町運動公園競技場	○3-1
12	9月3日(日)	10:00	米子北高校	どらドラパーク米子陸上競技場	●3-4
13	9月10日(日)	16:00	神村学園高等部	磐田スポーツ交流の里 ゆめりあ球技場	○3-0

第47回日本クラブユースサッカー選手権(U-18)大会 東海大会

プレミア・プリンスリーグトーナメント

節	月 日	キックオフ	対戦相手	会 場	結果
1	5月28日(日)	11:00	JFAアカデミー福島	磐田スポーツ交流の里 ゆめりあ球技場	●0-2
3決	6月4日(日)	11:00	清水エスパルスユース	磐田スポーツ交流の里 ゆめりあ球技場	○2-1

ファイナルトーナメント

節	月 日	キックオフ	対戦相手	会 場	結果
1	6月11日(日)	13:00	FC岐阜U-18	磐田スポーツ交流の里 ゆめりあ球技場	○3-0

第47回日本クラブユースサッカー選手権(U-18)大会

節	月 日	キックオフ	対戦相手	会 場	結果
1	7月23日(日)	8:45	AC長野パルセイロU-18	ロード宮城総合運動場 陸上競技場	○1-0
2	7月24日(月)	8:45	ガンバ大阪ユース	NTT図南スーパーグラウンド	△0-0
3	7月26日(水)	8:45	FC東京U-18	前橋広瀬サッカー場	△1-1

ジュビロ磐田U-15

(9月12日時点)

U-15 トップ

高円宮杯 JFA U-15サッカーリーグ2023東海

節	月 日	キックオフ	対戦相手	会 場	結果
10	5月13日(土)	11:00	浜松開誠館中学校	浜松開誠館総合グラウンド	●1-4
11	5月28日(日)	14:00	みよしFC	黒笹公園グラウンド	○4-1
12	7月9日(日)	14:00	名古屋グランパスU-15	上大之郷グラウンド	●2-5
13	6月11日(日)	13:00	名古屋FC EAST	上大之郷グラウンド	○1-0
14	7月15日(土)	15:15	刈谷JY	刈谷グリーンフィールド	○3-2
15	9月3日(日)	13:00	豊田AFC	上大之郷グラウンド	○1-0

パロマカップ 第38回日本クラブユースサッカー選手権(U-15)大会 東海大会

節	月 日	キックオフ	対戦相手	会 場	結果
1	6月17日(土)	12:30	F.C.DIVINE	中池公園 グリーンフィールド	○4-0
2	6月18日(日)	12:30	FCV可児	中池公園 多目的広場	●2-3

2023 Jリーグ U-14 ボルケーノ

節	月 日	キックオフ	対戦相手	会 場	結果
1	5月3日(水・祝)	11:00	名古屋グランパスU-15	上大之郷グラウンド	●2-5
2	5月5日(金・祝)	11:00	清水エスパルス ジュニアユース三島	南二日町人工芝グラウンド	○13-0
3	5月14日(日)	10:00	清水エスパルス ジュニアユース	鈴与三保グラウンド	△0-0
4	5月21日(日)	12:00	FC岐阜U-15	上大之郷グラウンド	●0-2
5	8月12日(土)	16:00	清水エスパルスSS選抜	上大之郷グラウンド	●0-6
6	8月20日(日)	15:00	藤枝MYFC U-15	藤枝MYFCグラウンド	○3-0
7	8月27日(日)	14:20	藤枝MYFC U-15	上大之郷グラウンド	●1-4

U-15 セカンド

高円宮杯 JFA U-15サッカーリーグ 2023 静岡 1部

節	月 日	キックオフ	対戦相手	会 場	結果
11	6月10日(土)	10:00	清水エスパルス ジュニアユースセカンド	上大之郷グラウンド	●1-5
12	7月16日(日)	17:30	浜松開誠館中学校セカンド	上大之郷グラウンド	○2-0
13	9月2日(土)	16:30	清水エスパルスSS藤枝	Honda細江グラウンド	○2-1
14	9月10日(日)	10:00	ジュビロ磐田U-15 WEST	上大之郷グラウンド	○2-0

U-13

高円宮杯 JFA U-13サッカーリーグ 2023 東海

節	月 日	キックオフ	対戦相手	会 場	結果
1	7月1日(土)	15:00	名古屋FC EAST	テラスポ鶴舞グラウンド	●1-5
2	7月9日(日)	11:00	清水エスパルス ジュニアユース	上大之郷グラウンド	○4-1
3	7月23日(日)	10:00	浜松開誠館中学校	上大之郷グラウンド	△1-1
4	9月3日(日)	10:00	AS.ラランジャ豊川U15	上大之郷グラウンド	○4-0
5	9月10日(日)	14:00	名古屋グランパスU-15	上大之郷グラウンド	●2-3

U-15 CENTRAL

高円宮杯 JFA U-15サッカーリーグ2023静岡 TOP

節	月 日	キックオフ	対戦相手	会 場	結果
11	7月9日(日)	15:30	HONDA FC U-15	Honda細江グラウンド	○2-1
12	7月15日(土)	16:00	藤枝明誠SC	藤枝明誠グラウンド	●1-4
13	9月3日(日)	15:30	FC桜が丘	ヤマハ加茂グラウンド	●0-5
14	9月9日(土)	15:30	清水エスパルスSS富士	ヤマハ加茂グラウンド	●1-3

U-15 WEST

高円宮杯 JFA U-15サッカーリーグ2023静岡 1部

節	月 日	キックオフ	対戦相手	会 場	結果
11	6月10日(土)	15:30	清水エスパルス ジュニアユース三島	ヤマハ加茂グラウンド	○3-0
12	7月15日(土)	15:30	清水エスパルス ジュニアユースセカンド	ヤマハ加茂グラウンド	○3-2
13	9月3日(日)	17:00	浜松開誠館中学校セカンド	ヤマハ加茂グラウンド	●1-8
14	9月10日(日)	10:00	ジュビロ磐田U-15セカンド	上大之郷グラウンド	●0-2

U-15 EAST

高円宮杯 JFA U-15サッカーリーグ2023静岡 2部

節	月 日	キックオフ	対戦相手	会 場	結果
9	7月16日(日)	13:30	IWATA EAST SC	オイスカ高校グラウンド	△2-2
10	9月2日(土)	11:15	F.C.ヴァーデュア三島	磐田スポーツ交流の里ゆめりあ球技場	○2-0
11	9月10日(日)	11:30	FC.LESTE	大井川河川敷運動公園多目的グラウンド	●1-2

U-15 vs.名古屋FC EAST

U-15 vs.豊田AFC

U-15セカンド vs.清水エスパルスSS藤枝

U-13 vs.AS.ラランジャ豊川U15

U-15CENTRAL vs.HONDA FC U-15

U-15WEST vs.清水エスパルス ジュニアユースセカンド

U-15EAST vs.F.C.ヴァーデュア三島

8月6日(日)ベガルタ仙台戦@エコパスタジアム

Jリーグ昇格30周年記念 オールホームタウンマッチ

ホームタウン7市1町代表の小学生チームにトップチーム選手を交えて行われた前座試合「未来マッチ」

30周年をきっかけに創設されたジュビロクラブアンバサダーの皆さんが集結

ホームタウンが舞台の大河ドラマ『どうする家康』に出演する広瀬アリスさんが花束贈呈&キックインセレモニーに登場

8月6日に行われた29節ベガルタ仙台戦は、今年でJリーグ昇格30周年の節目を迎えたこと、そしてホームタウンの広域化(7市1町)を記念し、「Jリーグ昇格30周年記念　オールホームタウンマッチ」として開催されました。

前半、相手に決定的なシーンを作られるもGK三浦龍輝のファインセーブで凌ぐと、21分にCKの流れから松本昌也のボレーシュートが決まって先制。さらに相手守備陣の隙を見逃さなかった金子翔太が追加点を挙げ、後半は退場者を出し1人少なくなった仙台に対し、ジャーメイン良のヘディングシュート、松本のこの日2点目となるゴールが生まれて合計4得点をマーク。雨中のエコパスタジアムに訪れた25,000人近いサポーターとともに、歓喜の瞬間を分かち合いました。

雨をものともせずシーズンソング「最響未来ファンファーレ」を熱唱したスピラ・スピカ

ホームタウン7市1町の市町旗と、子どもたちが掲げる30周年記念フラッグがピッチを彩る

ジュビロ磐田は、より多くの皆様と夢と感動を分かち合うことを願い、地域に根ざしたスポーツクラブを目指して活動しています。その活動の一部を紹介します。

HOME TOWN ACTIVITY REPORT

ホームタウン活動レポート

7/16㊐

大学生企画のスタジアムイベント 藤枝戦 愛知大学トライ☆いわたし 防災ブース

サッカーが好きな方々に、サッカーを通して防災の知識を蓄えてほしいという願いを込め、防災クイズイベントを実施。キックターゲットの得点に応じて難易度が変わるクイズは、大人も子どもも楽しんでいました。

◇あなたはわかる?キックターゲット×防災クイズ

7/1㊏

大学生企画のスタジアムイベント 大分戦 静岡産業大学生企画イベント

静岡産業大学冠講座の一環として、学生たちが企画したイベントを開催。事前準備から当日まで、スタジアムイベント運営を経験していただきました。

◇めざせ!!Jリーガー!～大学生が教えるサッカー教室～
◇サインGet!?～ブラジル料理を食べてクイズに挑戦しよう～

Athlete Centerで選手に「ジュビロ飯」提供開始!

Jubilo Clubhouse Athlete Centerの食堂で、「ジュビロ飯」の提供が始まりました。メニューを考案してくださったのは、Athlete Centerの食堂で毎日選手たちの食事を用意してくださるシダックスコントラクトフードサービス㈱の新村さん。暑さで食が細くなりやすい時期に合わせ、楽しみつつしっかり栄養を摂取できる特製カレーが振舞われました。

ジュビロ飯とは?

栄養のバランスが取れた磐田市産の食材を使用したメニューと運動を合わせて楽しみ、健康で幸せな生活を目指す取組みです。

【ジュビロ飯の認定基準】

1. 一食で主食・主菜・副菜がそろっている
※一皿でまとまっていてもOK
2. ビタミンDを含む食材を一品以上使用する
3. 磐田の地域産物を一品以上使用する
4. 「食事は野菜から食べ始めること」の情報提供をすること
5. 運動に関する情報提供をすること

COOKING

トップチーム昼食

いわたの素材まるごとカレー

玉ねぎ、にんじん、じゃがいも、トマト、スパイスを炒めて煮込み、ミキサーにかけてペースト状にすることで野菜の旨味をギュッと凝縮。磐田産のパプリカなどをトッピングした、野菜がしっかり摂れるカレーです。

その他のおかずもバランス良く盛り付けていた吉長真優選手

U-18夕食

彩り豊かな 磐田産野菜と大豆ミートのキーマカレー

たっぷり入った磐田産パプリカと青梗菜の甘みでマイルドな辛さになり、子どもも大人も楽しめる一品。サステナブルフードの大豆ミートを使った、美味しく地球にやさしいカレーです。

「身体を大きく強くするため」と700gのご飯を平らげたU-18 飯田恵然選手

7/27（木）～7/30（日） 2023磐田U-12国際サッカー大会

「磐田U-12国際サッカー大会」は4年ぶりに海外チームを招待して開催。国内9チーム・海外3チームが集まり、サッカーを通じて交流しました。

参加クラブ

- ・水原三星U-12
- ・ブリーラムユナイテッドアカデミー
- ・ムアントンユナイテッドアカデミー
- ・ジュビロ磐田U-12
- ・清水エスパルスU-12
- ・静岡県トレセンU-12
- ・静岡WEST U-12
- ・東京都U-12選抜
- ・浦和レッドダイヤモンズジュニア
- ・横浜F・マリノスプライマリー追浜
- ・名古屋グランパスU-12
- ・ファジアーノ岡山U-12

■ 予選Aグループ

	ムアントンUFC	水原三星	浦和	岡山	県トレセン	磐田	勝点	得点	失点	得失点	順位
ムアントンUFC	☆	1○0	3○1	1○0	2○1	7○0	15	14	2	12	1
水原三星	0●1	☆	0●1	1△1	0●4	3○1	4	4	8	-4	4
浦和	1●3	1○0	☆	1○0	0●4	9○0	9	12	7	5	3
岡山	0●1	1△1	0●1	☆	0●4	2○0	4	3	7	-4	5
県トレセン	1●2	4○0	4○0	4○0	☆	7○0	12	20	2	18	2
磐田	0●7	1●3	0●9	0●2	0●7	☆	0	1	28	-27	6

■ 予選Bグループ

	ブリーラムUFC	横浜FM	名古屋	東京都選抜	清水	県WEST	勝点	得点	失点	得失点	順位
ブリーラムUFC	☆	3○0	1●2	1○0	1○0	1△1	10	7	3	4	3
横浜FM	0●3	☆	0●2	0●3	0△0	1●2	1	1	10	-9	6
名古屋	2○1	2○0	☆	0●1	0△0	2○0	10	6	2	4	2
東京都選抜	0●1	3○0	1○0	☆	5○0	1○0	12	10	1	9	1
清水	0●1	0△0	0△0	0●5	☆	0●1	2	0	7	-7	5
県WEST	1△1	2○1	0●2	0●1	1○0	☆	7	4	5	-1	4

1 ムアントンユナイテッドアカデミー
2 東京都U-12選抜
3 静岡県トレセンU-12

決勝戦

予選Aグループ 1位 ムアントンUFC **1-0** 予選Bグループ 1位 東京都選抜

3位決定戦

予選Aグループ 2位 静岡県トレセン **2-0** 予選Bグループ 2位 名古屋グランパス

ジュビロ磐田はシャレン（社会連携）活動を通じてSDGsに貢献しています。

グッズ de い〜に goods de i~ni

30周年記念グッズ

ジュビロ磐田Jリーグ昇格決定30周年記念グッズが
大好評販売中です!
30周年記念ロゴやゴールドユニフォームをモチーフにした
今年だけのアイテムが勢揃いしています。
皆さま、ぜひお買い求めください。

- Admiralコラボ ユニフォーム ポケットTシャツ (30周年) 4,620円(税込)
- アクリルペンライト (30周年) 1,980円(税込)
- リストバンド(30周年) 990円(税込)
- アクリルキーホルダー (30周年)550円(税込)
- ラバーキーホルダー (30周年)770円(税込)
- メタルキーホルダー (30周年)1,540円(税込)
- ゴールドミラー (30周年)1,210円(税込)
- アイスクリームスプーン (30周年)880円(税込)
- 箸置き(30周年) 880円(税込)
- 箸(30周年) 1,980円(税込)
- 保冷ランチバッグ (30周年)2,640円(税込)
- ステンレス サーモタンブラー (30周年)2,200円(税込)
- スプリッツァーグラス (30周年)2,090円(税込)
- マグカップ(30周年) 1,650円(税込)
- ロックグラス(30周年) 1,980円(税込)
- ソープディスペンサー (30周年/エンブレム) 各2,970円(税込)
- バスマット(30周年) 3,850円(税込)
- ブロックカレンダー (30周年)3,080円(税込)
- エコバッグ(30周年) 2,200円(税込)
- クリアトートバッグ 3,300円(税込)
- クリアサコッシュ 2,420円(税込)
- クリアポーチ 2,200円(税込)
- クリアキャップボトル 1,870円(税込)
- 防水スマホケース 1,980円(税込)

お求めは

☆ジュビロショップ磐田 tel.0538-34-5684
営業時間／平日12:00-19:00、土日祝10:00-19:00
月定休(祝日を除く)

☆ジュビロショップサーラプラザ浜松 tel.053-545-6001
営業時間／平日11:00-18:00、土日祝10:00-18:00
月定休

☆ジュビロ磐田
オフィシャルオンラインショップ

クラブインフォメーション CLUB INFORMATION

ジュビロで繋がろうプロジェクト 各地でイベント開催！

ジュビロ磐田を通じ「繋がりを創り育てる」ことを目的として、今季から立ち上がった「ジュビロで繋がろうプロジェクト」。ホームタウン内外を問わず、公式戦のパブリックビューイングを中心とした公式イベントを実施しています。同時に、ジュビロ磐田を応援してくださっている全国各地のお店を募集し、クラブとして告知・運営などのサポートを行っています。

選手のメッセージ動画放映、サポーターズクラブ来場ポイント付与、豪華ゲストのトークショーなど、このプロジェクトならではの企画で試合観戦を盛り上げます！ 今後も各地でのイベントを予定しておりますので、お近くのお店で開催の際は、ぜひお立ち寄りください。

6/28（水）甲府戦
HUB高田馬場駅西店
（東京・高田馬場）
スポーツとお酒がたのしめる英国調PUB。クラブOBのカレン ロバートさん、上田康太さん、そして飛び入りで岡本達也さんが来場！

7/29（土）いわき戦
はままつ地ビールレストラン
マイン・シュロス（浜松）
本場ドイツ仕込みの地ビールとお料理で有名なビアホール。毎回たくさんのサポーターにお越しいただいています！

9/2（土）秋田戦
VR GOLF Persimmon
（袋井）
普段はVRゴルフが楽しめる複合カフェ。大画面での試合観戦に釘付けでした！

開催情報はジュビロ磐田公式HPで！

新規スポンサーご紹介

株式会社リツアンSTC　よご内科クリニック　ORACCHI　株式会社葵配管

ジュビロ磐田サポーターズクラブ会員 **NEWS**

2023会員特典グッズ決定！

対象:個人会員／ユース会員／法人プレミアム会員／法人会員

下記2アイテムから1アイテム選択可能です！

トミカ ジュビロ磐田チームバス、チームトラック

チームバス（三菱ふそう エアロクィーン）

チームトラック（いすゞエルフ）

© TOMY　「トミカ」は株式会社タカラトミーの登録商標です。
※実物を再現しておりますが、一部異なる箇所もございます。予めご了承ください。

ジュビロ磐田 オペラグラス

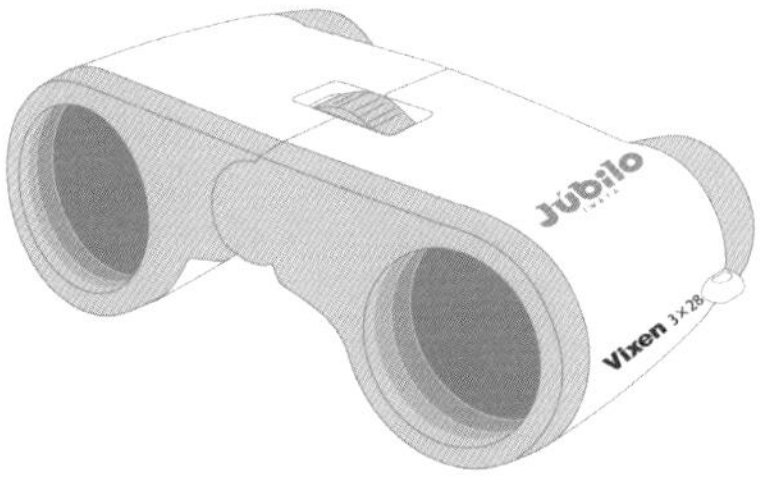

※画像はイメージです。

【試合日にスタジアムでお受け取り】9/9（土）大宮戦〜実施中（ジュビロ広場特設ブース）

【着払いでお受け取り】11月中旬より受付開始（12月頃発送）

※それぞれ商品には数に限りがありますので、ご希望に添えない場合もございます。

サポーターズクラブ会員専用「マイページ」へのログインはこちらから

ご登録住所の変更の反映は1か月程度を要するため、場合によっては郵便物が変更前の住所に届く可能性があります。ご注意ください。

Júbilo 2023 JÚBILO IWATA SUPPORTER'S MAGAZINE
2023年9月25日発行・第148号

ISBN978-4-7838-8078-3 C0075 ¥380E 印刷所・佐川印刷株式会社

2023年5月25日発行・第147

2023 Júbilo Iwata Supporter's Magazine
ジュビロ磐田 サポーターズマガジン

Dreams & Emotions

vol. 147

30TH ANNIVERSARY 1993-2023
あなたがいて、わたしがいて、ジュビロがある。

Júbilo IWATA

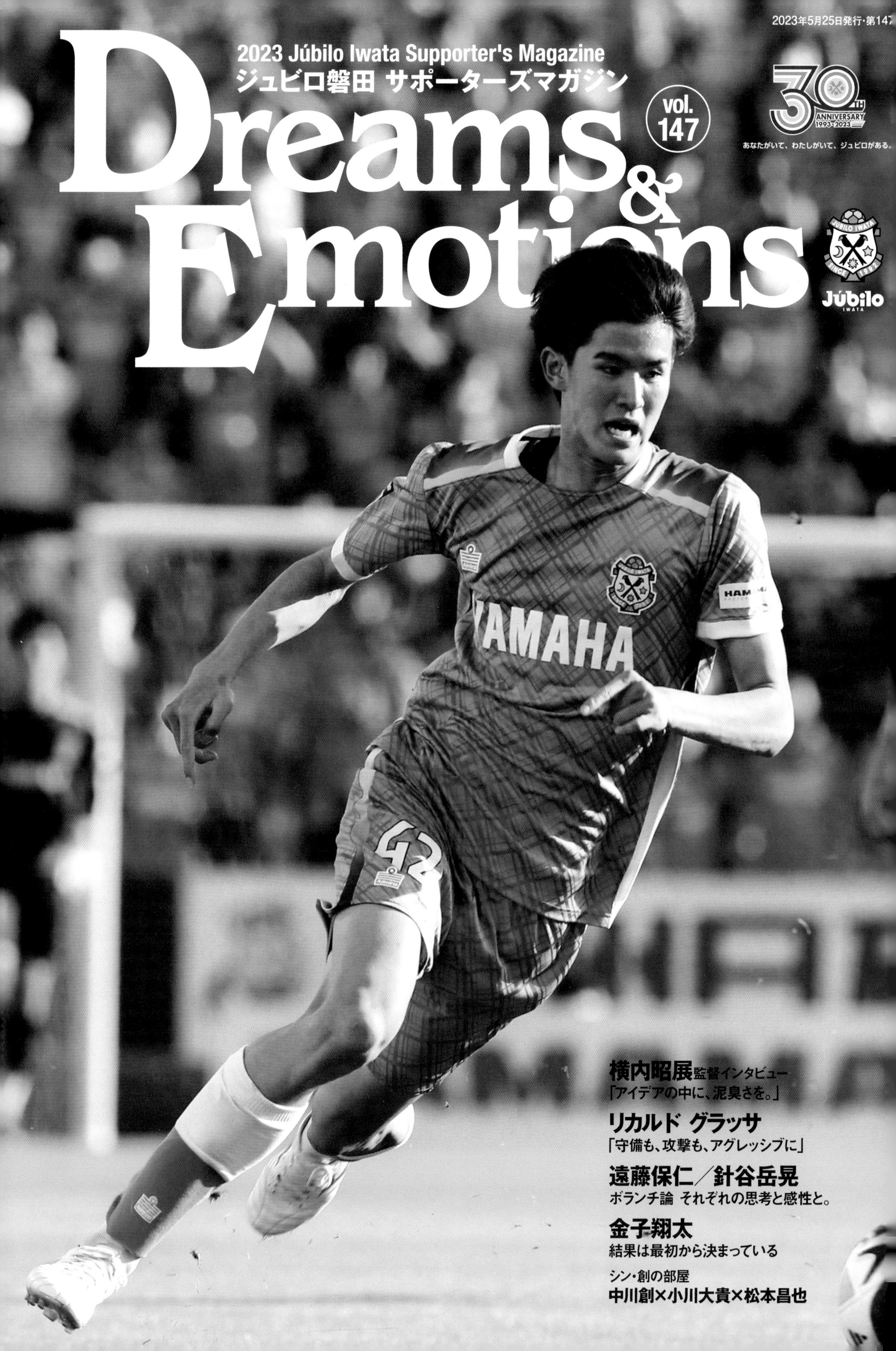

横内昭展監督インタビュー
「アイデアの中に、泥臭さを。」

リカルド グラッサ
「守備も、攻撃も、アグレッシブに」

遠藤保仁／針谷岳晃
ボランチ論 それぞれの思考と感性と。

金子翔太
結果は最初から決まっている

シン・創の部屋
中川創×小川大貴×松本昌也